Politik begreifen

Schriften zu theoretischen und empirischen Problemen der Politikwissenschaft

Politik begreifen

Schriften zu theoretischen und empirischen Problemen der Politikwissenschaft

Band 24

Wie wehrhaft ist die europäische Demokratie?

Eine Untersuchung der EU-internen Handlungsfähigkeit bei Verstößen gegen demokratische Prinzipien am Beispiel Ungarns

von

Immanuel Benz

Herausgegeben von
Prof. Dr. Johannes Marx
Dr. Annette Schmitt
Prof. Dr. Volker Kunz

Tectum Verlag

Immanuel Benz

Wie wehrhaft ist die europäische Demokratie?
Eine Untersuchung der EU-internen Handlungsfähigkeit bei Verstößen gegen demokratische Prinzipien am Beispiel Ungarns

Politik begreifen: Schriften zu theoretischen und empirischen Problemen der Politikwissenschaft; Band 24

ISBN: 978-3-8288-3703-4
ISSN: 1867-755X
Umschlagabbildung: © igor.stevanovic | shutterstock.com

Printed in Germany

Besuchen Sie uns im Internet
www.tectum-verlag.de

Bibliografische Informationen der Deutschen Nationalbibliothek
Die Deutsche Nationalbibliothek verzeichnet diese Publikation in der Deutschen Nationalbibliografie; detaillierte bibliografische Angaben sind im Internet über http://dnb.ddb.de abrufbar.

Ausgezeichnet mit dem

Tectum-Förderpreis 2015

Der Tectum-Förderpreis wird jährlich vom Verein der „Freunde der Mainzer Politikwissenschaft" in Kooperation mit dem Tectum Verlag für die beste Magisterarbeit des Jahres am Institut für Politikwissenschaft der Johannes Gutenberg-Universität Mainz verliehen.

Vorwort zum Beitrag von Immanuel Benz

Wie wehrhaft ist die europäische Demokratie? Diese Frage, der Immanuel Benz im vorliegenden Beitrag nachgeht, ist von größerer Aktualität denn je. Angesichts der Vielzahl von Flüchtlingen, die nach Europa strömen in der Hoffnung auf ein sichereres Leben, ist es nicht mehr zu übersehen, dass einige Mitglieder der EU sich nur bedingt der Würde des Menschen, Demokratie und Rechtstaatlichkeit verpflichtet fühlen. Spätestens seitdem Victor Orbán mit Hilfe der überwältigenden Mehrheit der Abgeordneten im ungarischen Parlament systematisch liberal-demokratische Werte verletzt, stellt sich die Frage, wie es um die Handlungsfähigkeit der EU angesichts solcher Entwicklungen bestellt ist: was kann sie tun und was tut sie, um systematische Verletzungen ihrer Wertegrundlage durch Mitgliedstaaten zu unterbinden?

Benz nähert sich dieser Frage auf der Grundlage des aus der Analyse der EU-Außenpolitik stammenden „Actorness"-Ansatzes, den er zur Untersuchung der internen Handlungsfähigkeit der EU als einheitlichen Akteur modifiziert. Demnach hängt die Handlungsfähigkeit der EU davon ab, welche rechtlichen Möglichkeiten ihr zur Verfügung stehen, um Verstöße einzelner Mitglieder zu ahnden (1), wie es um ihre Fähigkeit bestellt ist, kohärente Beschlüsse zu fassen (2), sowie von den konkreten situativen Handlungsbedingungen: Wie massiv ist der Druck, den die anderen EU-Mitgliedstaaten, aber auch innenpolitische Akteure auf eine Regierung ausüben, damit sie die Verletzung der gemeinsamen Wertebasis der EU unterlässt (3)? Diese drei Dimensionen prüft der Autor mit Hilfe von qualitativen Verfahren zunächst am Beispiel des Umgangs der EU mit Österreich im Jahr 2000 im Zusammenhang mit der Regierungsbeteiligung der rechtsgerichteten FPÖ. Dieser Fall dient dann als Vergleichsgrundlage für die den Verfasser hauptsächlich interessierende Analyse des Umgangs der EU mit Ungarn unter Victor Orbán.

Aufgrund seiner beeindruckenden Kenntnisse der beiden Fälle, seiner systematischen und innovativen Vorgehensweise bei ihrer Analyse und seines souveränen Umgangs mit den von ihm verwendeten Methoden gelingt es Benz differenziert zu erläutern, worin die zentralen Unterschiede hinsichtlich der Handlungsfähigkeit der EU gegenüber Österreich und Ungarn liegen. Er leistet darüber hinaus auch einen wertvollen Beitrag zur Analyse der derzeitigen Schwäche der EU angesichts ihrer vielleicht größten Herausforderung.

Wir freuen uns sehr, diesen Beitrag mit dem TECTUM-Preis ausgezeichnete Arbeit im Rahmen der Reihe „Politik begreifen" veröffentlichen zu können.

Mainz und Bamberg im November 2015

Die Herausgeber

Vorwort des Autors

Das vorliegende Buch ist eine leicht überarbeitete Version meiner Magisterarbeit, die im Januar 2015 am Institut für Politikwissenschaft der Johannes Gutenberg-Universität Mainz eingereicht wurde.

An dieser Stelle danke ich allen engagierten Lehrenden und diskussionsfreudigen Studierenden, die im Laufe meines Studiums dazu beigetragen haben, meine Fähigkeiten des wissenschaftlichen Arbeitens, des kritischen Denkens und der präzisen Formulierung zu schärfen.

Hervorzuheben sind dabei Professor Dr. Arne Niemann, der die Entstehung dieser Arbeit stets geduldig und wohlwollend kritisch begleitet hat, Dr. Petra Guasti, mit deren Ideen so manche konzeptionelle Hürde überwunden werden konnte sowie der gesamte Lehrstuhl der Internationalen Beziehungen für die angenehme Zusammenarbeit während meiner HiWi-Tätigkeit.

Für die Möglichkeit der Veröffentlichung geht mein Dank an den Verein der Freunde der Mainzer Politikwissenschaft und an die Herausgeber der Reihe „Politik begreifen", insbesondere an Dr. Annette Schmitt für ihre wissenschaftstheoretische Begeisterung und ihre Unterstützung der Studierenden.

Berlin, Januar 2016
Immanuel Benz

Inhalt

Tabellen- und Abbildungsverzeichnis

Abkürzungsverzeichnis

Abs. *Absatz*

AEUV *Vertrag über die Arbeitsweise der Europäischen Union*

ALDE *Allianz der Liberalen und Demokraten für Europa*

Art. *Artikel*

bspw. *beispielsweise*

BTI *Bertelsmann Transformations Index*

EAGV *Vertrag zur Gründung der Europäischen Atomgemeinschaft*

ebd. *ebenda*

EGKSV *Vertrag zur Gründung der Europäischen Gemeinschaft für Kohle und Stahl*

EGMR *Europäischer Gerichtshof für Menschenrechte*

EGV *Vertrag zur Gründung der Europäischen Gemeinschaft*

EMRK Europäischen Konvention für Menschenrechte

EP *Europäisches Parlament*

EU *Europäische Union*

EuGH *Europäischer Gerichtshof*

EUV *Vertrag über die Europäische Union*

EVP *Europäische Volkspartei*

Fidesz *Magyar Polgári Szövetség (Bund junger Demokraten)*

FPÖ *Freiheitlichen Partei Österreichs*

GASP *Gemeinsame Außen- und Sicherheitspolitik*

NGO *Nichtregierungsorganisation*

OSZE *Organisation für Sicherheit und Zusammenarbeit in Europa*

ÖVP *Österreichische Volkspartei*

PJZS *Polizeiliche und justizielle Zusammenarbeit*

Rn. *Randnummer*

SPE *Sozialdemokratische Fraktion im Europäischen Parlament*

u.a. *unter anderem*

1 Einleitung

1.1 Forschungsinteresse

Die Europäische Union (EU) bezeichnet sich selbst als Wertegemeinschaft. Zu den fundamentalen Werten dieser Gemeinschaft gehören nach dem Vertrag von Lissabon „die Achtung der Menschenwürde, Freiheit, Demokratie, Gleichheit, Rechtsstaatlichkeit und die Wahrung der Menschenrechte einschließlich der Rechte der Personen, die Minderheiten angehören" (EUV Art.2). Mit diesem Selbstbild der EU geht einerseits der selbst-proklamierte Anspruch einher, die Demokratie nach außen verbreiten zu wollen, und andererseits aber die facettenreiche Kritik am Demokratiedefizit der Multi-Level-Organisation und ihren derzeitigen institutionellen Strukturen (Follesdal/Hix 2006: 556). Aus demokratietheoretischer Sicht von Bedeutung ist dabei jedoch nicht nur die normative Diskussion, wie eine funktionierende Demokratie auf supranationaler Ebene in Europa aussehen könnte. Gegenwärtig mindestens ebenso bedeutend ist die ständige Herausforderung, die Demokratie auf nationalstaatlicher Ebene im sich verändernden europäischen und globalen Kontext zu bewahren (Eriksen/Fossum 2009: 8), schließlich gilt: „Wenn die Union die demokratische Verfasstheit ihrer Mitgliedstaaten nicht interessiert, wird sie sich damit auf Dauer ihrer eigenen Legitimationsquelle berauben" (Möllers 2012: 20).

In diesem Zusammenhang geben aktuelle Entwicklungen in Ungarn Anlass zur Beunruhigung. Nach dem Zusammenbruch der kommunistischen Regime in Osteuropa galt Ungarn lange als Musterbeispiel für einen gelungenen Transformationsprozess sowohl in Hinblick auf ökonomische Performanz als auch in Bezug auf die Etablierung eines demokratischen Rechtstaats (Pevehouse 2005: 111). Die Anstrengungen für diese Entwicklung wurden nicht zuletzt in Antizipation der angestrebten Mitgliedschaft in der Europäischen Union unternommen (Grabbe 2006: 46) – ein Ziel, das schließlich 2004 erreicht wurde. Doch mittlerweile ist der einstige „Musterknabe" unter den neuen EU-Mitgliedern zu einem „Sorgenkind" Europas geworden (Barlai/Hartleb: 2007). Das Land kämpft nicht nur weiterhin mit den Folgen der globalen Wirtschaftskrise. Seitdem Victor Orbán im Mai 2010 zum zweiten Mal ungarischer Premierminister geworden ist und sich dabei auf eine Zweidrittel-Parlamentsmehrheit seiner Partei Fidesz – Magyar Polgári Szövetség, kurz Fidesz (Bund junger Demokraten), stützen kann, weist die von nationalpopulistischen Tönen begleitete Politik der Regierung zunehmend autokratische Züge auf (Batory 2010: 11). Deren Versuche, das Verfassungsgericht zu entmachten, regierungsunabhängige Staatsorgane sowie gesellschaftliche Organisationen unter ihre Kontrolle zu bringen und die Medienfreiheit einzuschränken, haben für eine deutliche Verschlechterung der Demokratiequalität (BTI 2012: 2) und der Pressefreiheit gesorgt (Freedom House, NIT 2014).[1]

Vertreterinnen und Vertreter der EU und der EU-Mitgliedstaaten haben Ungarn unterschiedlich deutlich kritisiert. Angesichts des Ausmaßes der demokratiegefährdenden Eingriffe ins politische System Ungarns gehen die Reaktionen vielen Beobachterinnen und Beobachtern aber nicht weit genug. Auch das EU-Parlament fordert eine entschiedenere Verteidigung der europäischen Grundwerte und härtere Sanktionen gegenüber Ungarn bis hin zum Entzug des Stimmrechts als ultimativen Schritt nach Artikel 7 EUV (EP-Bericht: 24.6.2013). So scheint die derzeitige Entwicklung in Ungarn weitverbreiteten Bedenken Recht zu geben, dass zumindest einige Länder im Zuge der EU-Osterweiterung vorschnell in den Kreis der Mitgliedstaaten aufgenommen wurden (Schimmelfennig/Trauner 2009: 2). Die Diskussion um Mechanismen zur Abwehr antidemokratischer Tendenzen sowie die Evaluation bereits bestehender Möglichkeiten erhalten zusätzliche Relevanz durch den in vielen EU-Mitgliedstaaten wachsenden Rechtspopulismus und das generelle Erstarken ultrakonservativer und nationalistischer Parteien und Organisationen (Mungiu-Pippidi 2007: 11), das auch 2014 bei den Ergebnissen der Europawahlen sichtbar wurde.

Von umso entscheidenderer Bedeutung ist daher die Frage nach der politischen Handlungsfähigkeit der europäischen Wertegemeinschaft. Die Tatsache, dass eigene Mitgliedstaaten fundamentale Grundsätze von Demokratie und Rechtsstaat missachten, stellt die Glaubwürdigkeit der EU in Frage, die sich schließlich just der Verbreitung eben dieser Werte verschrieben hat. Der Fall Ungarn steht beispielhaft für die Frage nach der generellen Handlungsfähigkeit der EU nach innen und damit für die Frage: Wie wehrhaft ist die europäische Demokratie?

Ausgehend von dem Anspruch, dass „eine immer engere Union, die eine Wertegemeinschaft darstellen will, […] auch in der Lage sein [muss], ihre Werte wirksam durchzusetzen“ (Träbert 2010: 16), untersucht diese Arbeit die Handlungsfähigkeit der EU, wenn ihre fundamentalen Werte in einem Mitgliedstaat bedroht sind. Angesichts der divergierenden Einschätzungen politischer Akteure auf europäischer und nationaler Ebene sowohl in Hinblick auf die Notwendigkeit eines Eingreifens in Ungarn als auch über die generellen theoretischen Mittel der EU in solchen Fällen, stellt sich grundsätzlich die Frage, inwiefern die EU als eigenständiger Akteur auftreten und die gemeinsamen Werte gegen renitente Mitgliedstaaten verteidigen kann. In der Geschichte der EU liegen bisher kaum Fälle vor, in denen Verstöße gegen demokratische Prinzipien in einem EU-Mitgliedstaat wahrgenommen wurden und die Notwendigkeit einer europäischen Intervention zum Schutz der De-

---

1 https://freedomhouse.org/report/freedom-press/2011/hungary#.VLv46C6HunA; Zugriff am 9. Januar 2015.

mokratie diskutiert wurde. Neben den aktuellen Vorwürfen gegen Ungarn und Rumänien, demokratisch-rechtstaatliche Prinzipien zu missachten, sowie der Diskussion um Gruppenabschiebungen von Sinti und Roma aus Frankreich sind in diesem Zusammenhang lediglich Konflikte mit Österreich (2000) und Italien (2001) zu nennen (van der Vleuten/Ribeiro Hoffmann 2010: 743). Generell scheint die EU zumindest zurückhaltend zu agieren, wenn es um die Verteidigung ihrer Grundwerte in den eigenen Mitgliedstaaten geht. Allein im „Fall Österreich" – der erstmaligen Regierungsbeteiligung der von Jörg Haider geführten, rechtspopulistischen Freiheitlichen Partei Österreichs (FPÖ) – wurden Sanktionen nicht nur geprüft, sondern auch realisiert. Seitdem haben sich im Zuge der Weiterentwicklung der europäischen Verträge jedoch sowohl die juristischen Möglichkeiten als auch nicht zuletzt durch die Osterweiterung die politischen Voraussetzungen für ein solches Sanktionsverfahren deutlich verändert (van Hüllen/Börzel 2013: 5).

Doch gibt es in diesem Zusammenhang bisher nicht nur eine geringe Zahl an empirischen Fällen, sondern auch einen Mangel an politikwissenschaftlichen Konzepten und theoretischen Erklärungsmodellen. Es scheint nicht nur offen, welche Handlungsweisen der EU, ihrer politischen Glaubwürdigkeit und ihrer demokratischen Qualität dienlich sind, es bedarf vielmehr noch der Konzeptualisierung, welche möglichen alternativen Instrumente und Optionen die EU überhaupt besitzt und welche Voraussetzungen gegeben sein müssen, um damit Einfluss auf derart besorgniserregende Entwicklungen in Mitgliedstaaten nehmen zu können (Mungiu-Pippidi 2007: 11). Hier setzt diese Arbeit mit einem eigenen Konzept der EU-internen Handlungsfähigkeit an. Bei diesem theoretischen Ansatz handelt es sich um ein fallbezogenes Konzept, dass sich am Actorness-Ansatz der EU-Außenpolitik orientiert, nun aber auf Entwicklungen innerhalb der EU übertragen wird, um deren Handlungs- und Durchsetzungsfähigkeit angesichts anti-demokratischer Tendenzen in Mitgliedsländern untersuchen zu können.

1.2 Forschungsfrage

Diese Arbeit untersucht die Wehrhaftigkeit der europäischen Demokratie in Fällen, in denen Mitgliedstaaten gegen demokratische Prinzipien der Wertegemeinschaft verstoßen. Die Fragestellung ist dabei dreigeteilt. Im Mittelpunkt steht die Frage: Inwiefern war die EU im Umgang mit den Verstößen gegen Grundwerte der Union im Mitgliedstaat Ungarn im Zeitraum von Mai 2010 bis Mai 2013 handlungsfähig und effektiv? Dem schließt sich der zweite Teil der Frage an: Inwiefern unterscheidet sich die Handlungsfähigkeit der EU im Umgang mit Ungarn vom „Fall Österreich"? In einem dritten, nachgelagerten, Schritt fragt diese Arbeit: Inwiefern erweist sich das in dieser Arbeit angewandte Konzept zur Untersuchung der EU-internen Handlungsfähigkeit als geeignet für die politikwissenschaftliche Forschung?

1.3 Aufbau der Arbeit

Die Arbeit ist folgendermaßen aufgebaut, um die Forschungsfrage zu beantworten: Kapitel 2 verortet das Vorhaben in der Forschungsliteratur und stellt insbesondere den Actorness-Ansatz vor. Das dritte Kapitel dient der Darstellung des Forschungsdesigns. Dabei erfolgt zunächst der Transfer des Actorness-Ansatzes von der EU-Außenpolitik auf den internen Umgang mit Mitgliedstaaten, die demokratische Prinzipien missachten, sowie die Vorstellung der Kriterien für Handlungsfähigkeit in diesem Zusammenhang. In einem weiteren Schritt werden die dem empirischen Teil zugrundeliegende Methode und die verwendeten Quellen beschrieben. Daraufhin widmet sich Kapitel 4 dem „Fall Österreich", der für den Umgang der EU mit Ungarn als Vergleichsbasis dienen soll. Nach einer kurzen Darstellung der Ereignisse erfolgt die Anwendung des analytischen Konzepts. Darauf aufbauend schließt Kapitel 5 mit der Untersuchung der Handlungsfähigkeit der EU im Umgang mit Ungarn an. Erneut bereitet ein empirischer Problemaufriss die eigentliche Untersuchung der Handlungsfähigkeit und Effektivität der EU vor. Die Schlussbetrachtung hinterfragt die gewonnenen Erkenntnisse in Hinblick auf die Forschungsfragen und auf Perspektiven für die weitere Forschung.

2 Theoretische Grundlagen

2.1 Literaturbericht

In diesem Kapitel werden die unterschiedlichen wissenschaftlichen Forschungsstränge zusammengeführt, die für die Untersuchung der EU-internen Handlungsfähigkeit relevant sind. Der erste Teil des Literaturberichts verortet die Arbeit im Bereich der Europäischen Integrationsforschung und geht auf einige Forschungsstränge ein, die Erklärungsansätze dafür liefern, wie sich der Einfluss der EU auf die Entwicklung der Demokratie in den Mitgliedstaaten auswirkt. Der zweite Teil setzt sich mit Diskussionen um die Bedeutung von Demokratie für die EU im Allgemeinen und dem Begriff der wehrhaften Demokratie im Besonderen auseinander. Insgesamt zeigt der Literaturbericht, wo noch Forschungsbedarf besteht und das Konzept der EU-internen Handlungsfähigkeit dementsprechend ansetzt.

2.1.1 Europäische Integrationsforschung

Über Jahrzehnte hinweg haben zwei Theorien mit gegensätzlichen Annahmen die europäische Integrationsforschung dominiert. Der Intergovernmentalismus geht traditionell davon aus, dass auch im Zuge der fortschreitenden Integration die Nationalstaaten die Kontrolle behalten und von den europäischen Institutionen wenig bis keine eigenständige Wirkung ausgeht (Cini 2010: 90). Im Gegensatz dazu versteht der Neofunktionalismus Integration als einen dynamischen Prozess, der von unterschiedlichen nicht-staatlichen Akteuren vorangetrieben wird und in dessen Verlauf die europäischen Institutionen eine immer stärkere Eigenständigkeit entwickeln. Die Folgen der Integration sind, so die Annahme, für die Mitgliedstaaten nicht vollständig kontrollierbar und ziehen als vorher unbeabsichtigte Konsequenz in Form so genannter Spillover – mehr oder weniger zwangsläufig – weitere integrative Schritte nach sich (Niemann/Schmitter 2009: 49f.). Für ein umfassendes Verständnis des Verhältnisses zwischen der Europäischen Union und ihren Mitgliedstaaten – also der jeweiligen Handlungsfähigkeiten sowie der Wege und Formen der gegenseitigen Beeinflussung – ist es aufgrund der komplexen Interdependenzen nötig, beide Ebenen – Union und Mitgliedstaat – in die Analyse einzubeziehen (Börzel 2003: 1).

Die gemeinsame Schwäche der unterschiedlichen Ansätze der klassischen Integrationsforschung ist die mangelnde Erklärungskraft differenzierter Auswirkungen von europäischen Prozessen auf die einzelnen Mitgliedstaaten. Aufgrund ihres Fokus auf Dynamiken und Integrationsentwicklungen ist dies zwar nicht verwunderlich (ebd.: 3). Zur Erklärung von Verstößen gegen demokratische Prinzipien innerhalb eines Mitgliedstaates und möglicher Vergleiche des jeweiligen EU Einflusses auf die unterschiedlichen Mitgliedstaaten ist das Einbeziehen der spezifischen nationalen Entwicklungen jedoch unerlässlich (Guasti/Mansfeldová 2013: 6). Die jeweiligen nationalen Regierungen sieht Börzel (2003: 19) dabei in einer Schlüsselposition, von der aus sie gleichzeitig Entscheidungen auf europäischer Ebene beeinflussen und mitgestalten sowie deren Umsetzung auf nationaler Ebene verantworten. Börzel unterscheidet bei der Untersuchung der unterschiedlichen Auswirkungen der EU auf ihre Mitgliedstaaten zwischen drei theoretischen Ansätzen: *Resource Dependency*, *Institutional Adaptation* und *Socialization*. Alle drei gehen jedoch von folgender Annahme aus: „The lower the compability between European and domestic processes, policies, and institutions, the higher is the adaptational pressure Europe exerts on the Member States" (ebd.: 6).

Der ‚*misfit*', die Unvereinbarkeit zwischen europäischen und nationalen Regeln, gilt für alle drei Ansätze als notwendige Bedingung, um eine Veränderung im Verhalten der Mitgliedstaaten zu erwirken. Demnach sinkt das Druckpotential der EU gegenüber einem Mitgliedstaat und damit die Möglichkeit, den gewünschten Wandel herbeizuführen, umso kleiner der Unterschied zwischen europäischen Anforderungen und vorhandenen nationalen Realitäten ist. Die drei Ansätze unterscheiden sich jedoch in ihren Annahmen für Situationen mit starker Unvereinbarkeit (ebd.: 16). Ansätze der *Resource Dependency* basieren auf dem rationalen Institutionalismus. Sie gehen davon aus, dass die unterschiedlichen Akteure jeweils versuchen, mit ihren vorhandenen Ressourcen maximalen Einfluss auf den politischen Prozess auszuüben. Mit ihrem Eingreifen kann die EU hierbei eine Ressourcen-Umverteilung im nationalen Machtgefüge bewirken, z.B. durch die gezielte Stärkung bestimmter Akteure. Während eine Vielzahl an nationalen Veto-Spielern den Einfluss der EU trotz großem *misfit* beschränken kann, wird dieser durch die Existenz unterstützender Institutionen im Mitgliedstaat verstärkt, die den Reformkräften im Land direkten Kontakt zu EU-Entscheidungsträgern vermitteln können. Theorien der Ressourcen-Abhängigkeit gehen davon aus, dass die nationalen Reformkräfte umso erfolgreicher durch die EU unterstützt werden und dass die EU demnach umso größere Möglichkeiten hat, Veränderung im Mitgliedstaat zu erreichen, desto stärker sich die Unvereinbarkeit in der Ausgangssituation darstellt (ebd.: 7-9).

Im Gegensatz dazu gehen die eher dem soziologischen Institutionalismus entstammenden Ansätze der *Instititutional Adaption* und der *Socialization* davon aus, dass starke Unvereinbarkeit nicht zu einer Veränderung im Mitgliedstaat, sondern zu Stillstand führt. Der Annahme folgend, dass Akteure offener für soziales Lernen sind und sich eher von etwas überzeugen lassen, wenn das Neue dem bisher Bekannten ähnelt, erwarten diese Ansätze besonders starken Widerstand auf Seiten der Mitgliedstaaten, wenn die EU versucht, an den Grundfesten des politischen Systems zu rütteln. Umfassende Veränderungen sind demnach nur unter außerordentlichen Umständen möglich, etwa einer politischen oder wirtschaftlichen Krise oder durch das Agieren mächtiger *norm entrepreneurs*[2] und den Einsatz von Sanktionsmaßnahmen (ebd.: 16f.).

Da es sich bei dem Thema dieser Arbeit, dem Verstoß gegen demokratische Prinzipien, eindeutig um Fälle starker Unvereinbarkeit zwischen den Positionen der EU und der betreffenden Mitgliedstaaten handelt, lassen sich aus Börzels Ausführungen folgende Faktoren festhalten, die entscheidend für den Einfluss der EU und ihre Aussichten auf Veränderungen im Mitgliedstaat sein können: die nationale Akteurskonstellation aus Veto-Spielern und ggf. EU-orientierten Kräften, die politische und wirtschaftliche Performanz sowie die Kombination aus Normunternehmern und Sanktionsmöglichkeiten.

Einen wesentlichen Beitrag im wissenschaftlichen Streit zwischen rationalistischen und konstruktivistischen Erklärungsansätzen für die Effekte der Europäisierung in Osteuropa haben Schimmelfennig et al. mit ihrer Theorie der *strategic international socialization* geleistet. Entsprechend konstruktivistischer Annahmen des soziologischen Institutionalismus verstehen sie europäische Sozialisation einerseits als „formally institutionalized process carried out by international organizations and aimed at expanding the liberal core values and norms of the Western international community“ (Schimmelfennig et al. 2006: 6). Sie sehen damit internationale Organisationen als treibende Kraft, deren Norm-basiertes Handeln auf demokratischen Prinzipen beruht. Andererseits teilen sie die Annahmen des rationalistischen Institutionalismus in Hinblick auf das Akteursverhalten innerhalb dieses Prozesses, indem sie sowohl diesen Organisationen und ihren Vertreterinnen und Vertretern als auch den Zielen ihrer Sozialisationsversuche, den osteuropäischen Staaten und deren nationalen Akteuren, strategisches Verhalten „on the basis of individual political cost-benefit calculations“ (ebd.) unterstellen. Politische Akteure – in internationalen Organisationen und in den Mitgliedstaaten – reagieren demnach eher auf heimische Einflüsse und Abhängigkeiten als auf internationale Normen und Verpflichtungen. Letztere werden als äußere Einschränkungen oder potentielle Ressourcen erachtet, die strategisch bewertet und möglichst vorteilhaft eingesetzt werden (Schimmelfennig et al. 2006: 19). Aus dieser strategischen Perspektive ist *reinforcement* der entscheidende Sozialisationsmechanismus. Das zielorientierte Verhalten der internationalen Organisationen zeichnet sich dabei durch einen klassischen „carrot-and-stick“ Ansatz aus, der normkonsisten-

2 Finnemore und Sikkink (1998: 891) definieren Normen als „a standard of appropriate behavior for actors with a given identity”. Normunternehmer sind in diesem Sinne Akteure, die sich für die Veränderung einer gesellschaftlichen Norm einsetzen, die nach ihrer Überzeugung nicht angemessen sind. Um damit erfolgreich sein zu können und ihrem Anliegen die nötige Aufmerksamkeit zukommen zu lassen, sind Normunternehmer jedoch oftmals gezwungen, bewusst gegen weitere bestehende Normen zu verstoßen. Haben Normunternehmer Erfolg und hat sich eine soziale Norm verändert, kann dies mitunter weitergehende Normveränderungen nach sich ziehen (ebd.: 896f.).

tes Verhalten belohnt und Verstöße bestraft. Negative wie positive Anreize können dabei sowohl finanzieller als auch immaterieller Art sein (ebd.: 6f.).[3]

Bei der Untersuchung der Fragen, ob und unter welchen Bedingungen Beitrittskandidaten bzw. Mitgliedstaaten EU-Recht einhalten oder nicht, hat sich der für die Grundlagen dieser Arbeit ebenfalls theoretisch relevante Zweig der Compliance-Forschung gebildet. Der Fokus dieser Literatur liegt dabei vor allem auf der Übernahme von bestimmten EU-Standards und Richtlinien aus dem *acquis communautaire* sowie deren anschließender Umsetzung (Falkner 2010: 102). Gerade bei der Analyse des Compliance-Verhaltens der neuen EU Mitgliedstaaten zeigt sich eine offensichtliche Diskrepanz zwischen formaler Transformation von EU-Vorgaben in nationales Recht und ihrer tatsächlichen Überwachung und Durchsetzung (Schimmelfennig/Trauner 2009: 1f.). Falkner beschreibt das Zwischenstadium zwischen diesen zwei Compliance-Phasen, in dem sich die neuen Mitgliedstaaten nach dem Beitritt befinden, als „world of dead letters" (2010: 113). Darin zeichnen sich die neuen Mitgliedstaaten, Tschechische Republik, Ungarn, Slowakei und Slowenien bei ihrer Vergleichsstudie zu Compliance mit EU-Recht im Bereich des Arbeitsrechts durch eine gute formale Aufnahme der EU-Richtlinien in nationales Recht aus. Dem gegenüber steht jedoch „significant non-compliance at the later stage of monitoring and enforcement" (ebd.: 114). Häufig sind diese Versäumnisse zwar eher auf strukturelle Probleme in der Verwaltung als auf politische Ablehnung zurückzuführen (Falkner et al. 2004: 466f.). Dennoch lässt sich feststellen: „To concentrate on law adoption without law implementation has proven to be very short-sighted" (Guasti/Mansfeldová 2013: 19). Eine zentrale Frage der Compliance-Forschung ist daher, ob sich im Laufe der Zeit auch die informellen Regeln und Praktiken in den neuen Mitgliedstaaten ändern oder ob die neuen Regeln nur leere Hüllen bleiben oder gar ins Gegenteil verkehrt werden (Dimitrova 2010: 138).

Bei der Untersuchung der internen Handlungsfähigkeit der EU steht jedoch nicht im Mittelpunkt, wann und unter welchen Umständen EU-Recht eingehalten wird, sondern vor allem inwiefern die EU in der Lage ist, gegen Verstöße vorzugehen. Gleichwohl liefert die bisherige Compliance-Literatur für die Voraussetzungen der EU-Handlungsfähigkeit wichtige Anregungen. So verstehen Schimmelfennig et al. (2006: 26) die Beziehungen zwischen der EU und ihren Beitrittskandidaten als „bargaining process under normative constraints". Entscheidend ist daher, ob die EU über einen Verhandlungsvorteil verfügt. Nur auf Basis einer Machtasymmetrie zu ihren Gunsten ist sie in der

[3] So kann die EU bei ihren Reaktionen auf Demokratieverstöße in Drittstaaten auf unterschiedliche Maßnahmen zugreifen. Mögliche Strafen sind z.B. Handelseinschränkungen oder Visa-Sperren und Kürzungen von Hilfsleistungen. Zu den immateriellen Reaktionen gehören soziale Strafen bzw. Belohnungen etwa durch öffentliches Anprangern der Verfehlungen oder öffentliches Loben. (Warkotsch 2008: 228).

Lage, regelkonformes Verhalten zu erwirken. Die stärksten Belohnungen oder Strafen berühren das politische Interesse der nationalen Regierungen, indem sie entweder deren Macht bedrohen oder Möglichkeiten geben, diese auszubauen (ebd.: 20). Für strategische Akteure gilt es bei der Abwägung der Handlungsmöglichkeiten zudem, die Kosteneffizienz zu berücksichtigen. Je höher der für sie zu erwartende materielle Nutzen ist, desto höher sind die Kosten, die eine internationale Organisation bereit sein wird, durch ihr Eingreifen auf sich zu nehmen. Doch kann auch der Verzicht auf eine Intervention mit hohen – vor allem politischen – Kosten verbunden sein, zum Beispiel indem die Glaubwürdigkeit der internationalen Organisation als demokratische Gemeinschaft beschädigt wird, da sie durch ihr Nicht-Handeln die eigenen Werte konterkariert (ebd.: 19; van der Vleuten/Ribeiro Hoffmann: 2010: 741).

Mit der Gewährung des Mitgliedschaftsstatus hat die Union ihren größten Anreiz und ihr stärkstes Argument ausgespielt, so dass Compliance der neuen Mitglieder in der post-accession-Phase kaum noch mit einem „carrot-and-stick"-Ansatz hergestellt werden kann. Denn in der Literatur gilt es zwar als Konsens, „that EU conditionality has had a considerable impact – mediated by domestic institutions – on successful EU rule adoption in candidate states." Ebenso geteilt wird jedoch die Annahme, dass „[c]onditionality, however, expired with [...] accession to the EU" (Dimitrova 2010: 138). Während die glaubwürdige Perspektive auf einen EU-Beitritt als „the most successful democracy promotion program ever implemented by an international actor" (Vachudova 2006: 1) gilt, trifft dieser Einfluss allein auf Beitrittskandidaten nicht jedoch auf Mitgliedstaaten zu. „As for the day after accession, when conditionality has faded, the influence of the EU vanishes like a short-term-anesthetic", so die pessimistische Einschätzung von Mungiu-Pippidi (2007: 16). Zu einem ähnlichen Schluss kommt Gateva (2010: 21) bei ihrem Stage-Structured Conditionality Model für Phasen der EU-Erweiterung: „After accession, the EU is ‚stripped' of its attractive accession advancement rewards and can only rely on explicit threats to induce compliance". Es stellt sich daher die Frage, ob und wie es der EU unter den geänderten Vorzeichen gelingen kann, dass Regel-konformes Verhalten im Interesse der Mitgliedstaaten liegt. Hierbei gilt es zum einen zu überlegen, inwiefern die Aussicht auf Mitgliedschaft durch andere positive Anreize ersetzt werden kann, und zum anderen, wie die EU-Sanktionsmechanismen zu gestalten sind, damit Mitgliedstaaten bei non-Compliance tatsächlich harte Sanktionen zu befürchten haben (Schimmelfennig/Trauner 2009: 3).

Damit Sanktionsmechanismen ihre volle Wirkung entfalten können, muss ihre Drohung realistisch umsetzbar und glaubwürdig erscheinen. Dies erfordert nicht nur einheitliches, sondern auch normativ konsistentes Verhalten der EU (Schimmelfennig 2008: 921). Im Umgang mit Drittstaaten, die undemokratisches Verhalten zeigen, werden die EU-Reaktionen jedoch als uneinheitlich und damit unglaubwürdig kritisiert, da die EU dabei offenkundig weniger universale demokratische Normen verfolgt als eigene unter Kosten-Nutzen-Aspekten abgewogene Interessen. So scheut die EU die finanziellen und politischen Kosten eines Eingreifens deutlich weniger, wenn die Verfehlungen in benachbarten oder nahegelegenen Staaten stattfinden, da demokratische Nachbarn im unmittelbaren Sicherheitsinteresse der Union liegen (Warkotsch 2008: 242).

Doch anders als bei gewöhnlichen zwischenstaatlichen Beziehungen beruht der Verhandlungsvorteil innerhalb einer Wertegemeinschaft wie der EU weniger auf *hard power* – rationalen Präferenzen, materiellen Ressourcen oder formal-rechtlichen Kompetenzen. Die gemeinsame Wertebasis und die hohe Interaktionsdichte mit den eigenen Mitgliedstaaten geben der EU die verstärkte und meist weniger kostenintensive Möglichkeit zum Einsatz von *soft power*, etwa durch öffentliches Anprangern der Verfehlungen, was das Fehlen zentraler Mechanismen zur Regeldurchsetzung unter Umständen kompensieren kann (Schimmelfennig et al. 2006: 18).

Dennoch sehen zahlreiche Autorinnen und Autoren hier Änderungsbedarf. So wird beispielsweise angeregt, die Kopenhagener-Kriterien[4] nicht nur als Standards während des Aufnahmeprozesses zu benutzen, sondern deren Anforderungen dauerhaft für alle Beitrittskandidaten und Mitgliedstaaten geltend zu machen, regelmäßig zu überprüfen und Verfehlungen konsequent zu ahnden (Nicolaidis/Kleinfeld 2013: 2). Gleichzeitig werden eben jene politischen Kriterien vor allem in Hinblick auf den faktischen Stellenwert im Zuge der Beitrittsverhandlungen kritisiert. So gilt es als eindeutig, dass die Europäische Kommission der Demokratie-Entwicklung weitaus weniger Beachtung zugewendet hat als der Adaption des *acquis communautaire*. Manche Bereiche, etwa das Mediensystem, werden zudem gar nicht in den Verhandlungen berücksichtigt (Guasti/Mansfeldová 2013: 19). Andere Autorinnen und Autoren setzen noch grundsätzlicher an und bemängeln die fehlende Eindeutigkeit der politischen Anforderungen. So analysiert Kochenov „it is far from clear what kind of democracy [...] the Union requires the countries to adhere to" (2004: 2). Um die Ursachen für diese Unklarheit über eines der fundamentalen Prinzipien der selbsternannten Wertegemeinschaft nachvollziehen zu können, ist eine grundsätzliche Betrachtung der Bedeutung von Demokratie für die EU nötig.

---

4 Ergänzend zu den Voraussetzungen für eine Mitgliedschaft in der EU nach Artikel 49 (EUV) und der Achtung der Grundsätze aus Artikel 2 (EUV) wurden 1993 die Kopenhagener Kriterien als Voraussetzungen für zukünftige Erweiterungen verabschiedet. Diese bestehen aus drei Elementen: die wirtschaftlichen Kriterien als Voraussetzung für eine funktionierende Marktwirtschaft, das acquis-Kriterium – die Übernahme des gemeinsamen Besitzstands der Union und damit der aus der Mitgliedschaft entstehenden Verpflichtungen – sowie das politische Kriterium mit den vier Grundelementen Demokratie, Rechtsstaatlichkeit, Menschenrechte sowie Anerkennung und Schutz von Minderheiten (Kochenov 2004: 1-2; 9).

2.1.2 Die demokratische Wertegemeinschaft Europa

Die wissenschaftliche Debatte über die Bedeutung von Demokratie für Europa und die Europäische Union ist vielschichtig. Sie entspringt zum einem dem offenen Widerspruch zwischen dem demokratischen Selbstverständnis und der intensiven Debatte über das Demokratiedefizit der supranationalen Organisation sowie der mangelnden Legitimität ihrer Entscheidungsprozesse. Zum anderen verweist sie auf die Herausforderung, eine funktionierende Demokratie auf supranationaler Ebene zu entwickeln und gleichzeitig die Demokratie auf nationaler Ebene zu erhalten (Eriksen/Fossum 2009: 7). Beide Entwicklungen sind Resultate der fortschreitenden europäischen Integration. Längst ist die Europäische Union nicht mehr allein eine internationale Organisation, an die ihre Mitgliedstaaten Macht delegieren, um ihre gemeinsamen Interessen zu verfolgen und – sollte dies einmal nicht der Fall sein – ihr Veto einlegen oder die verliehene Autorität zurückfordern. Vielmehr ist die EU „an entity with supranational elements equipped with the organized capacity to act" (Eriksen 2010: 18). So stimmt es zweifelsfrei, wenn Schmidt (2006: 1) zu Beginn ihrer Analyse der Auswirkungen der Europäischen Integration auf die Demokratie in den Mitgliedstaaten konstatiert: „Democracy has become an issue for Europe."

Da diese Arbeit auf dem tatsächlich vorhandenen Demokratieverständnis der EU aufbaut und nicht auf einer normativen Überlegung, wäre eine eingehende Darstellung der theoretischen Auseinandersetzung über Definition, Kriterien und Wesen demokratischer Systeme an dieser Stelle nicht zielführend in Hinblick auf die Fragestellung. Daher werden hier lediglich die Kernelemente moderner Demokratien dargestellt, über die weitgehende Einigkeit besteht. So beschreibt Schattschneider (1960: 141) moderne Demokratien schlichtweg als „a competitive political system in which competing leaders and organizations define the alternatives of public policy in such a way that the public can participate in the decision-making process". Ähnlich beginnt Beitz (1989: 17) die Schilderung seines Demokratieverständnisses als „a kind of rivalry for control over the state's policy-making apparatus, with an electoral mechanism at its center in which all citizens are entitled to participate". Für dessen Ausgestaltung erkennt er zwar beträchtlichen Spielraum sowohl für die Art und Weise, mit der die benannte Rivalität reguliert wird als auch für die Details des Wahlsystems, die das letztendliche Ergebnis bestimmen. Allerdings erachtet er nicht alle Möglichkeiten als aus demokratietheoretischer Sicht wünschenswert: „because not all of the possibilities are equally acceptable, some criterion is needed for selecting among them" (ebd.).

Als derartige Kriterien nennt Dahl (1998: 37f.) in seiner klassischen Definition fünf zentrale Merkmale demokratischer Systeme: wirksame Partizipation, gleiches Wahlrecht, ein möglichst aufgeklärtes Verständnis der Bevölkerung über politische Prozesse, die Möglichkeit zur Beteiligung an diesen Prozessen und ihrer Kontrolle sowie als Grundlage dafür die Inklusion möglichst aller Erwachsenen. Jeder Verstoß gegen nur eines dieser Kriterien gefährde die grundlegende Eigenschaft einer Demokratie – die politische Gleichheit (ebd.: 38). Aufbauend auf dieser Definition sowie aufgrund empirischer Betrachtung aktueller politischer Systeme sieht Dahl folgende strukturelle Minimalvoraussetzungen für moderne repräsentative Demokratien (ebd.: 85): 1) Wahl und Abwahl von Amtsinhabern, 2) freie, faire und regelmäßige Wahlen, 3) Meinungsfreiheit, 4) Informationsfreiheit, 5) Organisationsfreiheit zur Bildung politischer Parteien und Organisationen sowie als Grundlage dafür 6) ein ‚inclusive citizenship', das allen Menschen in diesem Land den Zugang zu den fünf genannten Institutionen ermöglicht.

Jedoch zeigt Dahl große Skepsis, inwiefern diese Anforderungen an nationale Demokratien und die Aufgeklärtheit ihres Demos auf transnationale Systeme übertragbar sind. Dahinter steht für ihn der Konflikt zwischen Systemeffektivität und Partizipation: „In very small political systems a citizen may be able to participate extensively in decisions that do not matter much but cannot participate much in decisions that really matter a great deal" (Dahl 1994: 28).[5] Demokratie ist also mehr als ein möglichst reibungslos funktionierendes Regierungssystem, das sich durch die Herrschaft der Mehrheit selbst reguliert. Vielmehr gehören dazu inhaltliche Auseinandersetzungen um politische Entscheidungen und mündige, informierte Bürgerinnen und Bürger, die einschätzen können, was sie für das Beste halten. Anders ließen sich heute selbstverständliche Bestandteile demokratischer Systeme wie etwa Minderheitenrechte nicht erklären (ebd.: 33).

Im Kern der Debatte um das Demokratiedefizit der EU steht folglich zum einen die Tatsache, dass die EU keinesfalls die Kriterien eines Nationalstaats erfüllt, und zum anderen die Sorge um einen Demokratieverlust bei fortschreitender europäischer Integration, wenn eine wachsende Kompetenzverlagerung auf die supranationale Ebene nicht mit zusätzlicher demokratischer Legitimation einhergeht. Follesdahl und Hix (2006: 534-537) nennen bei ihrem Überblick über die „Standard-Version" der demokratischen Defizite der EU fünf wesentliche Kritikpunkte: 1) Die europäische Integration habe einen großen Zuwachs an exekutiver Macht sowie einen parlamentarischen Kontrollverlust nach sich gezogen, da sich Regierungsvertreterinnen und -vertreter im Europäischen Rat und Regierungsgesandte in der Kommission der parlamentarischen Kontrolle ihrer nationalen Parlamente entziehen. 2) Gleichzeitig sei das EU-Parlament trotz schrittweisem Machtgewinn insgesamt zu schwach

---

5 Demnach sind größere politische Einheiten aufgrund ihrer Ressourcen zwar eher in der Lage, die relevanten Angelegenheiten ihrer Bürgerinnen und Bürger zu regeln, bieten dafür aber geringere Partizipationsmöglichkeiten. Hingegen bieten kleinere politische Einheiten weitaus größere und direkte Wege der Mitbestimmung, oft jedoch in Angelegenheiten von deutlich geringerer Relevanz, da diese Einheiten immer weniger in der Lage sind, zentrale Probleme tatsächlich zu behandeln (Dahl 1994: 28).

und weit davon entfernt, diese offene Kontrollfunktion ausfüllen zu können. 3) Die Wahl des EU-Parlaments sei keine tatsächliche Europawahl, sondern vielmehr eine Aggregation nationaler Abstimmungen bei denen meist nationale Themen oder die Möglichkeit der Unzufriedenheit über die amtierende Regierung Ausdruck zu verleihen, eine größere Rolle spielten als europapolitische Fragestellungen. 4) Dies führe zu einem mangelnden Verständnis für die EU auf Seiten der Bürgerinnen und Bürger. 5) Letzteres wiederum werde zusätzlich dadurch verstärkt, dass die Gesetzgebung auf EU-Ebene auf der politischen Links-Rechts-Skala tendenziell weiter rechts zu verorten sei als der nationalstaatliche Status quo, da die Regierungen der Mitgliedstaaten dort ungehindert von parlamentarischer Kontrolle oder Gerichten agieren könnten.

Die Kritikpunkte machen deutlich, dass die Sicherstellung der demokratischen Legitimation von auf europäischer Ebene getroffenen Entscheidungen nach wie vor nur bedingt gelingt. Ebenso deutlich wird dabei, dass sich dies nicht allein an den institutionellen Strukturen und Prozessen auf eben dieser Ebene festmachen lässt. Daher kommt bei anhaltender Unzufriedenheit mit dem demokratischen Status-quo in Europa dem Erhalt und der Stärkung der Demokratie auf den unteren Ebenen noch größere Bedeutung zu. Schmidt (2006: 5) geht in ihrer weniger von einer demokratietheoretischen als von einer empirisch-pragmatischen Perspektive getragener Problemanalyse noch weiter. In ihren Augen wird die europäische Demokratie mit dem falschen Maß gemessen:

> „In such a fragmented democracy, the EU's legitimacy has been in question. But this is because the EU is compared to the ideal of the nation-state. Instead were it to be reconceived as regional state, the democratic deficit would turn out not to be as great as it is sometimes made to appear. But the problems for national democracy turn out to be much greater. This is because while the EU makes policy without politics, given the marginalization of national partisan politics, its member-states suffer from having politics without policy."

Der Transfer weiterer bis dato nationaler Zuständigkeiten auf die supranationale Ebene verstärke somit die Politikverdrossenheit, die bereits jetzt eine Herausforderung für die europäischen Demokratien darstelle. Schmidt (ebd.: 1) verortet das europäische Demokratieproblem zumindest nach aktuellem Stand demnach weniger bei der EU als auf nationalstaatlicher Ebene, da die Nationalstaaten im Zuge der europäischen Integration noch immer ihre Rolle neu definieren müssen.

Dazu, die bestehende Kluft zwischen Demokratietheorie und -empirie zu füllen und damit die demokratische Qualität von Staaten besser beschreiben zu können, leisten die Schriften von Merkel (2004) einen weitreichenden Beitrag. In seinen Augen sind die Ansätze von Dahl und anderen Vorgängerinnen und Vorgängern zu elitenfokussiert und vernachlässigen die strukturellen Voraussetzungen für eine funktionierende Demokratie. In seinem Konzept der „eingebetteten Demokratie" werden Demokratien mit ihren Qualitäten und Defekten anhand von fünf sich wechselseitig beeinflussenden Teilregimen bewertet, deren Geflecht aus Interdependenzen und Zusammenwirken das demokratische Gesamtsystem bilden: 1) das Wahlregime als sichtbarster Ausdruck von Volkssouveränität und Herrschaftskontrolle; 2) das Regime demokratischer Partizipationsrechte, die durch Meinungs-, Rede-, Organisations- und Demonstrationsfreiheiten eine pluralistische Öffentlichkeit konstituieren und somit sowohl die Voraussetzung für demokratische Wahlen bilden als auch in ihrer Wirkung über diese hinausgehen; 3) das Regime bürgerlicher Freiheits- und Abwehrrechte als Kern der Rechtsstaatlichkeit; 4) die Gewaltenkontrolle und die durch sie institutionalisierte „horizontale Verantwortlichkeit"; 5) das Kriterium der effektiven Regierungsgewalt als Notwendigkeit, dass tatsächlich die gewählten und demokratisch verantwortlichen Repräsentantinnen und Repräsentanten und nicht etwa Militärs oder andere Akteure de facto regieren (Merkel 2004: 36-39). Eine Stärke von Merkels Konzept ist dessen analytische Anwendbarkeit. So bildet das Konzept den theoretischen Rahmen für den so genannten Bertelsmann Transformation Index (BTI), eines der wichtigsten empirischen Instrumente zur Einschätzung der demokratischen Entwicklung in den neuen Mitgliedstaaten der EU (Guasti/Mansfeldová 2013: 3).[6]

Mit Blick auf die neuen Mitgliedstaaten ist zudem zu beachten, dass es sich bei der weitgehenden Durchsetzung der Demokratie in Europa noch immer um ein junges und keineswegs unerschütterliches Phänomen handelt. Weder war der Prozess der demokratischen Konsolidierung Osteuropas linear, noch ist sein letztendliches Ergebnis vorherbestimmt. Vielmehr gehören Stillstand und entgegengesetzte, undemokratische Entwicklungen nicht nur in den Bereich des Möglichen, sondern haben sich in einigen Fällen tatsächlich ereignet (Guasti/Mansfeldová 2013: 2). Bereits am Anfang der Beitrittsverhandlungen war die EU-Osterweiterung von Misstrauen in vielen etablierten EU-Staaten gegenüber den noch jungen Demokratien Osteuropas geprägt (Sadurski 2010: 2). Dabei wurde Demokratie als Voraussetzung für die Mitgliedschaft in der Europäischen Gemeinschaft bereits 1978 explizit festgeschrieben. Allerdings bestand diese Anforderung zunächst allein darin, demokratische Garantien formal in der Verfassung verankert zu haben – unabhängig von ihrer tatsächlichen Einhaltung. In den 1990er Jahren erfuhr die Demokratiefrage mit Sicht auf die zukünftige Osterweiterung eine Priorisierung innerhalb der Voraussetzungen für eine Mitgliedschaft. Ihre herausgehobene Stellung wird in den Beschlüssen des Rates deutlich (European Council: 12.-13. Dezember 1997, Pa-

6 Der BTI beruht auf qualitativen Experteninterviews und bewertet die Entwicklungen politischer Reformen in Richtung Marktwirtschaft. Dabei werden zwei Ranglisten erstellt. Der Status Index bewertet die Staaten aufgrund des Transformationsstands von Demokratie und Marktwirtschaft, der Management Index listet die Staaten aufgrund von politischen Steuerungsleistungen (www.bti-project.de/index).

ragraf 25). Demnach gilt die Einhaltung der politischen Kopenhagener Kriterien als notwendige Voraussetzung, um überhaupt Verhandlungen für eine Mitgliedschaft zu eröffnen. In diesem Zusammenhang wurden auch die Anforderungen an die Demokratie im Bewerberstaat insofern erhöht, als es nicht mehr allein auf formale Verfassungsvorgaben und Institutionenbeschreibungen ankommt, sondern darauf, wie sie in der Praxis funktioniert (Kochenov 2004: 5).

Ungeachtet der Kritik an den Beitrittsverhandlungen und der Befürchtungen vor der Osterweiterung wurde und wird der europäischen Integration bei der Demokratisierung und Konsolidierung sowohl nach dem Ende des Zweiten Weltkriegs als auch nach dem Zusammenbruch des Warschauer Pakts eine zentrale Rolle zugewiesen. „Die Europäische Union hat einen kontinentalen Raum einer ‚freiheitlichen demokratischen Grundordnung' etabliert, sie gewährleistet eine ‚liberal-demokratische Verfasstheit' und damit den normativen Grundbestand der europäischen Moderne" (von Bogdandy 1998: 165).

Anlässlich der anhaltenden wirtschaftlichen Krise und den daraus resultierenden sozialen Verwerfungen in vielen Ländern Europas tritt jedoch verstärkt die Sorge auf, dass sich diese zu einer grundsätzlichen Bedrohung der Demokratie entwickeln könnten. Wachsende Anti-EU-Einstellungen, beispielsweise in Griechenland seit Beginn der Krise und in Anbetracht ihrer sozialen Folgen zu beobachten, oder die jüngsten Wahlerfolge europakritischer bis rechtsextremer Parteien in diversen – jüngeren wie etablierten – EU-Staaten sind ein deutlicher Ausdruck dieser Fragilität (Clements et al. 2014: 263). Das ursächliche Problem der Unzufriedenheit mit Politik, Parteien, Demokratie und EU ist dabei weniger die Krise als die weiterhin praktizierte Sparpolitik der Staaten, deren Auswirkungen vor allem die ohnehin sozial Schwachen überproportional stark zu spüren bekommen, während gleichzeitig Korruptionsskandale der Eliten zum Vorschein kommen (Guasti/Mansfeldová 2013: 14). Vor diesem Hintergrund verweisen einige Autorinnen und Autoren auf den europäischen Wohlfahrtsstaat als Garanten von Stabilität und demokratischen Legitimitätsfaktor: „Wer also Rechtsstaat und Demokratie bewahren will, muss mit besonderer Sorgfalt auf Erweiterung und Pflege der sozialstaatlichen Errungenschaften bedacht sein" (Negt 2012: 15). Ähnlichen Gedanken folgt auch die Argumentation von Habermas. Der Ausweg aus der wirtschaftlichen Krise geht bei ihm Hand in Hand mit der politischen Dimension und damit der Bekämpfung des Demokratiedefizits:

> „Die europäische Union wird sich langfristig nur stabilisieren können, wenn sie die unter dem Zwang ökonomischer Imperative fälligen Schritte zu einer Koordinierung der relevanten Politiken nicht im bisher üblichen goubernativ-bürokratischen Stil, sondern auf dem Weg einer hinreichenden demokratischen Verrechtlichung vollzieht" (Habermas 2011: 55).

Unabhängig von derart grundsätzlichen Erwägungen rückt mit fortschreitender europäischer Integration und bei anhaltendem Interesse, den Fortbestand der erreichten Demokratisierung tatsächlich auch in Krisensituationen gewährleisten zu können, die Frage der Wehrhaftigkeit bzw. Streitbarkeit der europäischen Demokratie ins Zentrum des politischen Diskurses.[7] Dabei kann die Idee der wehrhaften Demokratie folgendermaßen zusammengefasst werden:

> „Wehrhafte Demokratie bedeutet: Die Gegner der freiheitlichen demokratischen Grundordnung sollen nicht mit allen, sogar den von der Verfassung selbst zur Verfügung gestellten Mitteln auf eine Beseitigung dieser Ordnung hinwirken dürfen, sondern sehen sich bei Überschreiten bestimmter Grenzen staatlichen Schutzmechanismen und Abwehrmaßnahmen ausgesetzt"(Thiel 2003: 1).

Als übergeordnete Eigenschaften einer wehrhaften Demokratie lassen sich aus theoretischer Sicht unzweifelhaft zwei Faktoren nennen: Werthaftigkeit und Wehrhaftigkeit. Dies meint zum einen *Wertgebundenheit* an die der jeweiligen Verfassung zugrunde liegenden, für eine Demokratie konstitutiven Prinzipien und zum anderen die *Abwehrbereitschaft* des Verfassungsstaates gegen Handlungen, die eben diesen gefährden (Jesse/Sturm 2003: 449). „Der wehrhafte Staat [...] ist verpflichtet, die sittlichen Werte, die von der Verfassung als Bestandteile der freiheitlichen demokratischen Grundordnung rezipiert worden sind, zu schützen" (Tillmanns 2003: 55).

Die Erwägungen über die „theoretische wie rechtliche Konzipierung Streitbarer Demokratie" (Klamt 2012: 3) und ihrer Verankerung auf europäischer Ebene bedeuten keine Ersetzung des Nationalstaats als Bezugspunkt für die Durchsetzung demokratischer Schutzmaßnahmen. Vielmehr stehen hierbei die Möglichkeiten zur Ausgestaltung der wechselseitigen Abhängigkeiten im europäischen Mehrebenensystem im Fokus. Im Gegensatz zur großen Anzahl fundierter Auseinandersetzungen zur wehrhaften Demokratie in der Bundesrepublik Deutschland findet sich nur wenig wissenschaftliche Literatur zu diesem Konzept und seiner möglichen europäischen Dimension. Gleichwohl sprechen diese Schriften dafür, dass die Auseinandersetzung mit Möglichkeiten zur Verteidigung der Demokratie anschlussfähig für aktuelle europarechtliche Debatten ist. Letzteres zeigt insbesondere Klamt in einem eingehenden und umfangreichen „Vergleich von 28 Verfassungs- und Rechtsordnungen unter dem Gesichtspunkt rechtlicher Strukturen Streitbarer Demokratie" (ebd.: 184). Die wehrhafte Demokratie ist demnach nicht nur als Idee innerhalb der europäischen Nationalstaaten weit verbreitet, sondern auch in vielen

7 In der Literatur finden sich neben „streitbar" und „wehrhaft" mitunter auch die Bezeichnungen „abwehrbereit" oder „militant". Im Englischen lautet die gängige Bezeichnung „militant democracy". In dieser Arbeit werden die Bezeichnungen „streitbar" und „wehrhaft" synonym verwendet, da diese sich im deutschen Sprachgebrauch weitgehend etabliert haben (Thiel 2003: 5; Klamt 2012: 32).

ihrer Verfassungen durch unterschiedliche Elemente rechtlich verankert. Wenig überraschend ist daher auch die aktuelle Fassung des EU-Vertrags vom Gedanken des Demokratieschutzes deutlich geprägt (ebd.: 321).

Aus wissenschaftlicher Perspektive haben Interventionen internationaler Organisationen zur Verteidigung ihrer festgeschriebenen demokratischen Prinzipien in einem Mitgliedstaat auf Basis der ebenfalls in Verträgen verankerten rechtlichen Möglichkeiten bislang wenig Aufmerksamkeit erhalten. Van der Vleuten und Ribeiro Hoffmann (2010: 755) identifizieren bei ihrer Vergleichsstudie über drei regionale Organisationen zwei Variablen, die bestimmend dafür sind, ob eine regionale Organisation in solchen Fällen eingreift oder nicht: das Interesse der führenden Mächte innerhalb der regionalen Organisation und die Höhe der ideellen politischen Kosten bei einem Nicht-Eingreifen. Letztere werden besonders erhöht, wenn eine dritte Partei, etwa eine andere regionale Organisation, die ebenfalls eine demokratische Identität besitzt, externen Druck ausübt und ein Nicht-Eingreifen somit einen öffentlichen Gesichtsverlust bedeuten würde.

In diesem Kapitel wurden zunächst unterschiedliche Ansätze der europäischen Integrationsforschung mit Blick auf ihre Relevanz für die EU-Handlungsfähigkeit im Umgang mit undemokratischem Verhalten von Mitgliedstaaten untersucht. Deutlich geworden ist die Notwendigkeit, beide Ebenen – Union sowie Mitgliedstaat – differenziert und fallbezogen zu berücksichtigen, um die jeweiligen Handlungsfähigkeiten adäquat einschätzen zu können. In Anlehnung an Schimmelfennig et al. (2006) sieht diese Arbeit einerseits die Prinzipien liberaler Demokratie als die inhaltlich entscheidende Grundlage für die internationale Sozialisation in Europa und erklärt andererseits das Verhalten der Akteure mit strategischen und interessengeleiteten Motiven. Die Compliance-Forschung bietet viele Erklärungsansätze dafür, unter welchen Bedingungen Beitrittskandidaten EU-Recht einhalten oder nicht. Durch das Erreichen der EU-Mitgliedschaft hat die EU zwar ihren stärksten Anreiz verloren, dennoch stehen ihr auch im Konflikt mit Mitgliedstaaten unterschiedliche Instrumente von *soft* bis *hard* power weiter zur Verfügung. Um dabei Erfolg zu haben, kommt dem einheitlichen Auftreten der EU eine besondere Bedeutung zu, da die Sanktionsdrohung ansonsten unglaubwürdig erscheint. Jenseits theoretischer Gedankenspiele über die zukünftige Ausgestaltung und Legitimität supranationaler Entscheidungsprozesse stellt der geschwächte Nationalstaat – insbesondere angesichts wachsender politischer Unzufriedenheit durch wirtschaftliche Krisen – die europäische Demokratie vor Herausforderungen. Dies betrifft zwar alle Mitgliedstaaten, den jungen Demokratien Mittel- und Osteuropas gilt dabei jedoch spezielle Aufmerksamkeit. Vor diesem Hintergrund rückt die Frage einer wehrhaften Demokratie in den Fokus.

Zusammenfassend hat der Literaturbericht gezeigt, dass für die weitere Untersuchung der EU-Handlungsfähigkeit gegenüber Mitgliedstaaten, die demokratische Prinzipien missachten, drei Faktoren eine besondere Rolle spielen: (1) die jeweilige Situation im Mitgliedstaat, dem Verstöße gegen die Demokratie vorgeworfen werden, (2) ein politisch einheitliches und normkonsistentes Auftreten der EU und ihrer Institutionen im Umgang mit diesem Staat, sowie (3) die faktischen juristischen Möglichkeiten der Union, in dessen Angelegenheiten zu intervenieren. Um diese Erkenntnisse anzuwenden, wird im Folgenden ein fallbezogenes Konzept der internen Handlungsfähigkeit entwickelt, das sich am Actorness-Ansatz der EU-Außenpolitik orientiert.

2.2 Macht oder Handlungsfähigkeit: Der Actorness-Ansatz

Der Actorness-Ansatz stammt aus der EU-Außenpolitik und beschäftigt sich mit der spezifischen Rolle der EU als supranationaler Organisation in den internationalen Beziehungen, die ansonsten von Staaten als den zentralen Akteuren geprägt werden. Die EU erfüllt jedoch weder alle Kriterien von Staatlichkeit, noch verfügt sie über klar definierte Interessen, die sie zu vollständig rationalem Handeln befähigt (Rosamond 2005: 465). Doch entspricht die EU dabei ebenso wenig traditionellen Vorstellungen internationaler Organisationen oder Allianzen wie der eines Nationalstaats. Insofern ist die EU im internationalen System einzigartig und kann auch als *sui generis* Phänomen verstanden werden, dessen spezielle Institutionen das pfad-abhängige Ergebnis der Entscheidungen nach dem Zweiten Weltkrieg sind (ebd.: 464). Verbunden mit der Frage, welche Art von Akteur die EU ist, hat die Frage danach, welche Art von Macht die EU ausübt und besitzt, wachsende Aufmerksamkeit erhalten. Die dominanten Ansätze sehen die EU dabei als „Civilian Power", „Normative Power" oder „Transformative Power". Letzteres ist eng mit dem Konzept der Europäisierung und der Compliance-Literatur verbunden. Darin übt die EU durch das Prinzip der Konditionalität und das Instrument des *acquis communautaire* Einfluss auf Beitrittskandidaten oder benachbarte Staaten aus, die sich entscheidend im Sinne der EU verändern (Koops 2011: 178f.).

Der Ansatz des „Civilian Power Europe" (CPE) wurde hingegen bereits in den 1970er-Jahren durch François Duchêne geprägt und gilt immer noch als eines der „most widely used and adapted ways to describe the EU as a distinct actor in international affairs" (ebd.: 166). Im Verständnis des CPE besitzt die EU eine eigenständige Diplomatie, die im Kern auf beträchtlicher *soft power*, vor allem in wirtschaftlicher Hinsicht, beruht und sich durch den Verzicht auf militärische Macht auszeichnet. Kritisiert wird der CPE-Ansatz besonders aus (neo-)realistischer Perspektive (z.B. Bull 1982) sowie in jüngerer Zeit seit der Entwicklung einer gemeinsamen Verteidigungs- und Sicherheitspolitik der EU, die dem idealtypischen Verständnis einer rein zivilen Macht widerspricht (Smith 2005: 63; Niemann/Junne 2011: 106).

Von besonderer Relevanz für die Frage nach der Bedeutung und Durchsetzung von Demokratie in der europäischen Gemeinschaft ist der Forschungsstrang zu „Normative Power Europe", der auf Ian Manners zurückgeht.

Normative Macht ist für Manners „the ability to define what passes as ‚normal‘ in the world“ (2002: 236), also die Fähigkeit Standards für angemessenes Verhalten zu setzen, an die sich andere Akteure im internationalen System halten (Bicchi 2006: 287). Den Ausgangspunkt für Manners Ansatz bildete die Diskussion um die Frage, wie und wofür die EU innerhalb des internationalen Systems Macht ausübt. Für ihn griff die Debatte um Militär- oder Zivilmacht zu kurz. Als supranationale Institution sei die EU mit den üblichen Konzepten von Staatlichkeit nicht adäquat zu beschreiben. Vielmehr sei die Union anders als Nationalstaaten in ihrem Kern normativ angelegt und propagiere zudem in den Beziehungen zu Drittstaaten universelle Normen und Prinzipien. Sie handelt demnach als Normveränderer im Internationalen System. Daher gelte es weniger, so Manners (2002: 240-242), bei der Diskussion um die Machtressourcen und Arten der Machtausübung der EU, empirische Institutionen und konkrete Politiken der EU zu untersuchen, als den Einfluss der EU auf Einstellungen und Ideen anderer Akteure in den Fokus zu rücken.

Das Konzept des „Normative Power Europe“ ist in der Literatur umstritten. So wird teilweise grundsätzlich bezweifelt, inwiefern die von Manners beschriebene normative Macht tatsächlich gegeben ist und nicht viel eher ein erwünschtes eurozentristisches Selbstbild darstellt. Die EU, so die Kritik, nutze den selbstpropagierten Anspruch der normativen „Kraft des Guten“, um der eigenen Interessenspolitik einen freundlichen Anstrich zu verpassen bzw. sei die EU-Außenpolitik vor allem ein Instrument, um die Interessen der stärksten Mitgliedstaaten voranzutreiben (Bichi 2006: 287; Hyde-Price 2006: 227). Zusätzliches Gewicht erhält diese Kritik dabei mit Blick auf die Forschungsfrage dieser Arbeit, die davon ausgeht, dass bereits EU-intern der Anspruch an die eigene Norm der Demokratie nicht ungefährdet ist.

Die unterschiedlichen Ansätze zur Konzeptualisierung von EU-Macht haben gemeinsam, dass sie alle auf der Annahme beruhen, die EU sei bereits ein international voll handlungsfähiger Akteur. Die breite Kritik an all diesen Ansätzen und ihre bisher nur begrenzte empirische Überprüfbarkeit hat zu der Überlegung geführt, „whether it may not be wise to go one step back and talk about EU actorness, as the foundation for the ‘what sort of power’ debate“ (Groen/Niemann 2012: 2). Im Vergleich zu Konzepten, die sich mit der Frage auseinandersetzen, auf welche Art die EU Macht und Einfluss ausübt, stellt die Actorness-Forschung daher zunächst die grundsätzlichere Frage, inwiefern und unter welchen Bedingungen die EU überhaupt über die Eigenschaften eines internationalen Akteurs verfügt. Laut Sjöstedt (1977: 16), dem Begründer der Actorness-Forschung, ist dabei das entscheidende Kriterium „the autonomous unit’s capacity to behave actively and deliberately in relation to other actors in the international system“. Kurz gesagt: Actorness meint „the EU’s capacity to act” (Jupille/Caporaso 1998: 214). Diese Handlungsfähigkeit ist aber weder per se gegeben, noch beruht sie allein auf formalen Befugnissen. Vielmehr hängt der Grad an politischer Handlungsfähigkeit der EU von sozialen Interaktionsprozessen mit anderen Akteuren ab und variiert zwischen Themenfeldern, Situationen und Zeitpunkten (ebd.: 216; Huigens/Niemann 2011: 7).

Im Laufe der Zeit haben verschiedene Autoren Actorness anhand unterschiedlicher Kriterien konzeptualisiert. Für Sjöstedt (1977: 15) bilden *autonomy* und *delimitation*, also die Unabhängigkeit und Abgrenzung von anderen Akteuren, die entscheidenden Bedingungen für Actorness. Schon an Sjöstedts Ansatz wird deutlich, dass auch die Multi-Level-Organisation EU typische Eigenschaften internationaler Akteure besitzen muss, um gegenüber Nationalstaaten eigenständig auftreten zu können. Folgerichtig wird ein höherer Grad an Actorness häufig mit zunehmendem Supranationalismus in Verbindung gebracht, während ein niedriger Grad an Actorness für Intergovernmentalismus steht. Bretherton und Vogler definieren in ihrem sozial-konstruktivistischen Modell *opportunity, presence* and *capability* als entscheidende Kriterien für EU-Actorness. *Opportunity* umfasst den Kontext aus Ideen und Ereignissen, in dem die EU handelt bzw. der dieses Handeln beeinflusst (Bretherton/Vogler 2006: 24). *Presence* meint die Fähigkeit der EU als „consequence of being" (ebd.: 27) Einfluss auf Wahrnehmungen und Verhalten anderer Akteure auszuüben. *Capability* schließlich bezieht sich auf die inneren Prozesse der EU, die ihre Handlungsfähigkeit herstellen oder beschränken und besonders darauf, ob die EU es vermag, gemeinsame Beschlüsse zu fassen und über welche Instrumente sie zu deren Umsetzung verfügt. Das breite und teilweise vage Konzept von Bretherton und Vogler lässt sich relativ schwer operationalisieren.

Ein anderer Ansatz stammt von Jupille und Caporaso (1998: 214), die Actorness anhand von vier miteinander verbundenen Dimensionen konzeptualisieren: *recognition, authority*, *autonomy* und *cohesion. Recognition* bezeichnet die rechtliche (de jure) sowie die politische (de facto) Anerkennung der EU durch andere Akteure (ebd.: 215). *Authority* umfasst die vertraglichen Handlungsgrundlagen und die darin enthaltenen formalen Befugnisse der EU, beschreibt aber nicht deren Anwendung oder Effektivität. *Autonomy* bezieht sich auf die institutionelle Unterscheidbarkeit und politische Unabhängigkeit der EU-Institutionen und fragt damit nach deren eigenständiger Wirkungskraft (ebd.: 217). *Cohesion* untersucht das Maß an politischer Übereinstimmung innerhalb der EU anhand von vier Unterkategorien: *value cohesion*, *tactical cohesion*, *procedural cohesion* und *output cohesion.* Die vier Variablen sind dabei nicht absolut, sondern kontinuierlich und bilden „a coherent ensemble depending on one another for full meaning" (ebd.: 220). Demnach kann kein hoher Grad an Actorness erreicht werden, wenn der Akteur zwar weitgehend autonom agieren kann, dabei aber von anderen nicht formal anerkannt wird. Gleiches gilt für Fälle, in denen die rechtlichen Grundlagen zum Handeln in einem bestimmten Gebiet zwar gegeben sind, aber keine politische Einigkeit darüber besteht, wie inhaltlich agiert werden soll (Groenleer/van Schaik 2007: 972).

Ein weiterer Ansatz von Groen und Niemann fokussiert wiederum allein auf *cohesion* und *autonomy*. Actorness meint hierbei die Fähigkeit, interne Präferenzen in gemeinsamen Positionen zu bündeln und in Form der EU-Agenten nach außen eigenständig zu vertreten (Groen/Niemann 2011: 3). Actorness ist in diesem Verständnis jedoch nicht identisch mit Effektivität oder der Fähigkeit tatsächliche Wirkung zu erzeugen und die eigenen Ziele zu erreichen. Vielmehr ist die „capacity to act" eine notwendige, jedoch keinesfalls hinreichende Bedingung für Effektivität (Huigens/Niemann 2011: 637).

Die Bedeutung des Actorness-Ansatzes für das Forschungsinteresse dieser Arbeit liegt in der Herangehensweise, nicht von einer Handlungsfähigkeit der EU als per se gegeben auszugehen. Vielmehr setzt der Actorness-Ansatz einen Schritt vorher an und hinterfragt grundsätzlich, inwiefern in einem bestimmten Fall überhaupt die Voraussetzungen für die Fähigkeit zum Handeln gegeben sind, woraus sich diese Handlungsfähigkeit ergibt und wodurch sie eingeschränkt wird. In diesem Verständnis lassen sich die Grundlagen des Actorness-Ansatzes von der EU-Außenpolitik auf interne Auseinandersetzungen der kollektiven Staatengemeinschaft mit einzelnen ihrer Mitglieder übertragen, um herauszufinden, inwiefern die EU sowohl formal als auch de facto in der Lage ist, die Einhaltung der gemeinsamen Prinzipien und Werte zu gewährleisten.

3 Research Design

3.1 Der fallbezogene Transfer des Actorness-Ansatzes von der EU-Außenpolitik auf die interne Handlungsfähigkeit

Der Actorness-Ansatz stammt aus der wissenschaftlichen Untersuchung der EU-Außenpolitik. Die Grundgedanken des Actorness-Ansatzes dienen dieser Arbeit als Ausgangspunkt für das Konzept der internen Handlungsfähigkeit der EU. Dabei wird der Actorness-Ansatz erstmals von der EU-Außenpolitik auf das Verhältnis der EU zu ihren Mitgliedstaaten übertragen. Konkret wird das Konzept der internen Handlungsfähigkeit auf den Umgang der EU mit Mitgliedern angewendet, die demokratische Prinzipien missachten. Während die Frage danach, welche Art von Macht die EU in ihren Außenbeziehungen darstellt, empirisch offen bleibt, besteht zumindest kein Zweifel daran, dass sie über ihre eigenen Grenzen hinaus aktiv Normen der Demokratie, Rechtstaatlichkeit und Menschenrechte zu setzen versucht. Kurioserweise bezieht sich dieser Governance Transfer vornehmlich auf Beitrittskandidaten, Nachbarländer oder andere Drittstaaten. Vergleichsweise jung sind die Bemühungen der EU, entsprechende Strategien und Instrumente zu entwickeln, die auf den Schutz und die Durchsetzung dieser Normen und Werte in den eigenen Mitgliedstaaten zielen (van Hüllen/Börzel 2013: 3).

In diesen Fällen liegt die einzige Möglichkeit zum Handeln für die EU darin, mit den ihr zur Verfügung stehenden juristischen Maßnahmen und politischen Mitteln Druck auf den jeweiligen Mitgliedstaat auszuüben (Guasti/Mansfeldová 2013: 22). Wie stark der politische Druck ausfällt und ob juristische Mittel eingesetzt werden bzw. welche, wird dabei auch durch den Grad an Unterstützung der EU durch die Regierungen der anderen Mitgliedstaaten beeinflusst. Die Haltung der Mitgliedstaaten kommt auf EU-Ebene zwar durch die Vertretung der Regierungen im Europäischen Rat zum Tragen, ein einheitliches und konsistentes Auftreten der EU kann jedoch auch durch bilaterale Handlungen zwischen Mitgliedstaaten unterstützt oder konterkariert werden.

Damit kann die Handlungsfähigkeit der EU im Konflikt mit einem Mitgliedstaat definiert werden als das Produkt aus Unterstützung aller Mitgliedstaaten (Community of Member States, CMS) multipliziert mit der Differenz zwischen der kollektiven Handlungsfähigkeit der EU-Institutionen (Europäischer Rat, Europäische Kommission, Europäisches Parlament und Europäischer Gerichtshof) und der Handlungsfähigkeit des demokratieverletzenden Mitgliedstaates:

$$EU_{Act} = CMS_{support} \times [(ECoun_{Act} + ECom_{Act} + EP_{Act} + ECJ_{Act}) - (MS_{Act})]$$

Zu den Voraussetzungen für interne Handlungsfähigkeit zählen dabei sowohl *hard power* als auch *soft power* sowie Kontextfaktoren. Zwar sind EU-Mitgliedstaaten formal EU-Recht unterworfen, doch auch hier wird deutlich, dass die EU eine supranationale Organisation aus Nationalstaaten ist, welche die Voraussetzungen für Staatlichkeit nicht erfüllt. Dazu gehört ein an vielen Punkten unscharfes Gemeinschaftsrecht, dem noch immer ein kohärentes, funktionstüchtiges Sanktionsprinzip fehlt. Besonders für den höchstsensiblen Bereich der nationalen Souveränität bzw. des Eingreifens in nationale Belange bei Verstößen gegen die Grundprinzipien der EU reicht ein Blick auf die formal-rechtlichen Befugnisse daher nicht aus. Zum einen sind die rechtlichen Möglichkeiten der EU stark beschränkt, zum anderen sind selbst dort, wo Schritte oder Sanktionen möglich sind, die politischen Folgen zu bedenken (Börzel 2003: 6). Denn von außen veranlasste Maßnahmen haben meist nur einen begrenzten Effekt oder gar eine kontraproduktive Wirkung, indem sie euroskeptischen Akteuren oder populistischen Stimmen erst Recht Auftrieb verleihen (Guasti/Mansfeldová 2013: 22.).

Zudem gilt es dabei auch die jeweilige spezifische Situation und Eigenschaften des demokratieverletzenden Mitgliedstaates in Betracht zu ziehen. Einer der großen führenden EU-Staaten verfügt vermutlich über mehr politische Macht als ein kleinerer womöglich neuer Mitgliedstaat (van der Vleuten/Ribeiro Hoffmann 2010: 741). Andererseits wird die Handlungsfähigkeit des betreffenden Mitgliedstaats nicht nur von äußeren Faktoren, sondern auch wesentlich von inneren Gegebenheiten wie der nationalen Geschlossenheit und dem Grad der Unterstützung für die jeweilige Regierungspolitik bestimmt. Somit gilt es auch für den Umgang der EU mit antidemokratischen Tendenzen in Mitgliedstaaten festzustellen, inwiefern die EU überhaupt über politische Handlungsfähigkeit in der jeweiligen Situation verfügt und ob der erreichte Grad an interner Handlungsfähigkeit auch genügt, um unter den gegebenen Voraussetzungen und Rahmenbedingungen die eigenen Ziele – hier die Aufrechterhaltung bzw. Wiederherstellung demokratischer Verhältnisse in einem Mitgliedstaat – zu erreichen.

Um diese Anforderungen zu berücksichtigen, versucht das Konzept der EU-internen Handlungsfähigkeit die Rechtsgrundlagen sowie die Akteurskonstellation aus EU-Institutionen und Regierungsvertreterinnen und –vertreter samt deren jeweiliger Kompetenzen, Präferenzen und Handlungsspielräume anhand von drei Dimensionen systematisch zu bündeln. Dies sind: *authority*, *cohesion* und *opportunity*. *Authority* und *cohesion* bilden gemeinsam die Input-Dimension. Sie fungieren als innere Voraussetzungen, definieren das vorhandene Handlungsrepertoire der EU und bestimmen den Grad der internen Handlungsfähigkeit. Da ein Blick allein auf die Input-Seite nicht ausreicht, um Aussagen über die tatsächliche Wirkung des EU-Handelns treffen zu können, bedarf es neben der Analyse der Handlungsfähigkeit auch der Einbeziehung der Output-Dimension und damit der Frage nach Effektivität (Groen/Niemann 2012: 4). In Anlehnung an Oran Youngs Regime Theorie wird Effektivität hierbei als Zielerreichung definiert: „As a measure of the extent to which a regime's (stated or unstated) goals are attained over time" (Young 1994: 144).[8] Ein gewisser Grad an Handlungsfähigkeit lässt sich in diesem Zusammenhang als notwendige, aber nicht als hinreichende Bedingung für Effektivität beschreiben. Mit Hinblick auf die Forschungsfrage misst Effektivität, inwiefern sich der erreichte Grad an Handlungsfähigkeit zur Zielerreichung nutzen lässt und die EU im Konflikt mit einem Mitgliedstaat den Verstoß gegen die Grundwerte beenden kann. Ob und in welchem Ausmaß dies tatsächlich gelingt, wird schließlich im Wesentlichen durch die jeweiligen Kontextfaktoren und Rahmenbedingungen, die *opportunity*-Strukturen, beeinflusst (vgl. Abb. 1).

Der Grad an Handlungsfähigkeit variiert im Laufe der Zeit und von Situation zu Situation. Auch die drei Kriterien *authority*, *cohesion* und *opportunity* sind variabel und beeinflussen einander, erst in ihrem Zusammenspiel wird das Resultat deutlich (Jupille/Caporaso 1998: 220). So muss ein Zuwachs an *authority*, zum Beispiel im Zuge einer Vertragsveränderung, nicht zwangsläufig zu mehr Handlungsfähigkeit führen, wenn sich die EU trotz gesteigerter juristischer Befugnisse nicht auf ein politisches Vorgehen verständigen kann, um von diesen Befugnissen Gebrauch zu machen. Ebenso muss auch ein gesteigerter Grad an Handlungsfähigkeit nicht unbedingt für mehr Effektivität sorgen, da sich der Vorfall unter erheblich ungünstigeren Rahmenbedingungen abspielen kann. Umgekehrt gilt auch, dass in einem besonders günstigen Fall bereits ein geringerer Grad an Handlungsfähigkeit ausreichen mag, um die gesetzten Ziele zu erreichen. Das Verhältnis von Handlungsfähigkeit und Effektivität ist demnach nicht linear. Ein Mindestmaß an Handlungsfähigkeit, in Form von juristischen Befugnissen und politischen Positionen oder Strategien, muss jedoch gegeben sein, damit die EU im Sinne ihrer Grundwerte wirksam werden kann. Für analytische Zwecke lassen sich die Kriterien zur Einschätzung des jeweiligen Grads der EU-Handlungsfähigkeit der Stärke nach in drei Ausprägungen unterscheiden: stark, mittel und gering. Im Folgenden werden die einzelnen Kriterien der EU-Handlungsfähigkeit für diese Arbeit und ihre Operationalisierung näher vorgestellt.

---

8 Oran Youngs Definition wurde bereits in mehreren Studien zum Zusammenhang zwischen Actorness und Effektivität verwendet und hat sich dabei als hilfreich herausgestellt (z.B. Groen/Niemann 2012; van Schaik 2010). Sie stammt aus Youngs Untersuchung von Effektivität bei umweltpolitischen Regimen und bildet eine von sechs Dimensionen von Effektivität (1994: 143).

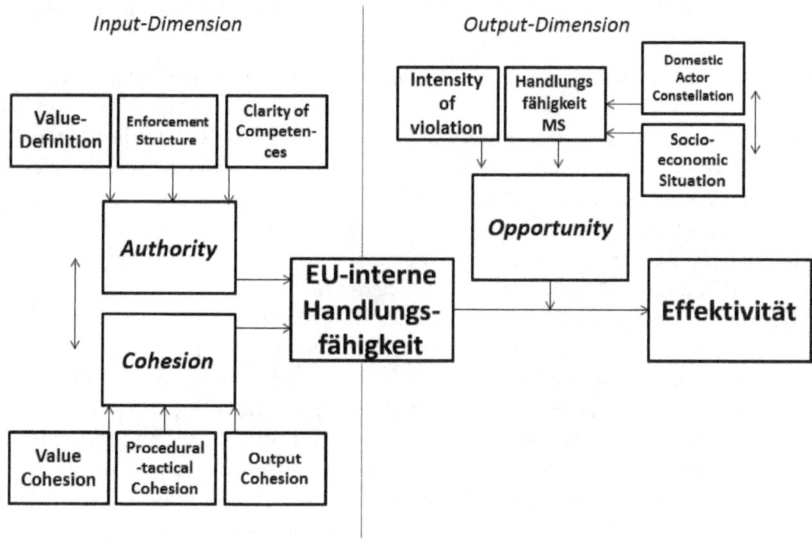

Abbildung 1 Konzeptioneller Rahmen der EU-internen Handlungsfähigkeit (eigene Darstellung)

3.2 Kriterien der internen EU-Handlungsfähigkeit

3.2.1 Authority

Authority umfasst die rechtlichen Grundlagen der Europäischen Union für den Fall, dass ein Mitgliedstaat der Union gegen die Grundwerte verstößt. Diese rechtlichen Kompetenzen beschreiben die legitimen Mittel zur Zielverfolgung, die den EU-Institutionen zur Verfügung stehen, sind dabei jedoch nicht zu verwechseln mit der Frage, inwiefern die EU davon tatsächlich Gebrauch macht oder welche Effektivität sie besitzen (Börzel 2005: 219). *Authority* gliedert sich dabei in drei Unterkategorien: *value definition*, *enforcement structure* und *clarity of competences*. *Value definition* meint die Definition der EU-Grundwerte, um feststellen zu können, wann ein Mitgliedstaat dagegen verstößt. Um die Handlungsfähigkeit der EU zur Gegenwehr gegen antidemokratische Tendenzen in Mitgliedstaaten zum jeweiligen Zeitpunkt zu untersuchen, kann auch nur das gegenwärtige Verständnis von Demokratie in der EU zu Grunde liegen. Daher beruht diese Definition nicht auf Basis einer demokratietheoretischen Idealvorstellung, sondern allein auf den Bestimmungen der EU-Verträge und der politischen Anforderungen der Kopenhagener Kriterien, die von einem Staat erfüllt sein müssen, um EU-Mitglied werden zu können (Kruma 2009: 156). Der Stärkegrad der *value definition* reicht von stark nach gering von der Nennung der Grundwerte mit präziser Beschreibung über die Nennung mit ungenauer Beschreibung bis hin zur Nennung der Grundwerte ohne ihre Beschreibung. (Für eine tabellarische Übersicht der Operationalisierung, s. Anhang I.)

Die *enforcement structure* untersucht die Stärke der Interventionsmechanismen, die der EU bei undemokratischen Entwicklungen in Mitgliedstaaten zur Verfügung stehen. Van der Vleuten und Ribeiro Hoffmann (2010: 740) benennen zwei vertragliche Komponenten als legitimierende Voraussetzungen für die Intervention einer regionalen Organisation in einem Mitgliedstaat, um dort die Demokratie zu verteidigen: eine Demokratieklausel im Gründungsvertrag der Organisation, die ihre Mitgliedstaaten zur Einhaltung demokratischer Prinzipien verpflichtet und eine gemeinsame demokratische Identität ausdrückt, sowie einen ebenfalls im Vertrag vorgesehenen Interventionsmechanismus für Verstöße gegen diese Identität. Ferner entscheidend für die Steigerung der Verhandlungsmacht der EU durch den möglichen Einsatz eines Sanktionsmechanismus ist das Abschreckungspotential der angedrohten Strafmaßnahmen. Dieses ist am größten bei hoher Kosteneffizienz für die EU, sprich, wenn die Sanktionen den betreffenden Mitgliedstaat bzw. dessen Regierung in deren Interessen empfindlich treffen und für die EU dabei nur geringe Interventionskosten, etwa durch Handelsausfälle, entstehen (Schimmelfennig et al. 2006: 20). Ebenfalls wichtig für das Abschreckungspotential ist die Frage, ob der Sanktionsmechanismus der EU erlaubt, nur auf bereits erfolgte Verstöße zu reagieren oder sie auch präventiv in drohenden Fällen von Demokratiegefährdung tätig werden kann. Voraussetzung für eine starke *enforcement structure* mit hohem Abschreckungspotential ist demzufolge ein harter Strafkatalog, der es der EU erlaubt sowohl reaktiv als auch präventiv zu agieren. Eine mittlere Ausprägung der *enforcement structure* liegt bei einem Strafkatalog mit mäßigem Sanktionspotential ohne Präventivkraft vor. Gering fällt die Einteilung aus, wenn keinerlei Sanktionsmechanismus für Fälle von Demokratiegefährdung auf EU-Ebene vorgesehen ist.

Clarity of competences fragt schließlich, inwiefern die Bedingungen für einen Verstoß gegen die Grundwerte und damit die Voraussetzung für den Einsatz des Sanktionsmechanismus eindeutig formuliert und die Zuständigkeiten zwischen den EU Institutionen geklärt sind. Diese Eigenschaften sind wichtige Voraussetzungen dafür, ob die angedrohten Konsequenzen der *enforcement structure* als realistische und glaubwürdige Abschreckung wirken (Schimmelfennig 2008: 921). *Clarity of competences* ist am stärksten ausgeprägt, wenn die Zuständigkeit im Bereich der supranationalen Institutionen liegt, allen voran dem Europäischen Gerichtshof, da dies einen hohen Grad der Verrechtlichung bedeutet (van Hüllen/Börzel 2013: 22). Doch auch eine starke Kompetenz der EU-Kommission als Hüterin der Verträge oder des Europäischen Parlaments als am stärksten demokratisch legitimiertes Organ spricht für eine hohe Handlungsfähigkeit. Zudem wird die Handlungsfähigkeit erhöht, wenn möglichst geringe bürokratische Hürden für eine Intervention durch einen großen Abstimmungsbedarf zwischen den Institutionen bestehen und die Bedingungen für einen Verstoß gegen die Grundwerte eindeutig formuliert sind. Die mittlere Ausprägung trifft auf Fälle mit geteilten Zuständigkeiten zwischen unterschiedlichen supranationalen und intergouvernementalen EU-Institutionen und dementsprechend erhöhtem Abstimmungsbedarf zu, die Anforderungen für einen Grundwerteverstoß sind dabei nicht eindeutig formuliert. Die schwächste Ausprägung betrifft Regelungen, bei denen nur die Mitgliedstaaten verantwortlich sind.

3.2.2 Cohesion

Cohesion beschreibt den Fähigkeitsgrad der EU, gemeinsame, in sich konsistente Beschlüsse zu fassen und Positionen zu vertreten. *Cohesion* umfasst die Unterkategorien *value cohesion, procedural-tactical cohesion* und *output cohesion*. *Value cohesion* meint die Übereinstimmung des Verhaltens der an der Entscheidungsfindung beteiligten Mitgliedstaaten und supranationalen Akteure mit den Grundwerten der EU. Berufung auf die gemeinsamen Grundwerte verleiht dem Handeln der Union Legitimität und verstärkt die Möglichkeit, den Mitgliedstaat zu beschämen und bloßzustellen (Schimmelfennig et al. 2006: 22). Wertekohärenz liegt folgerichtig nicht vor, wenn sich die EU und ihre Vertreterinnen und Vertreter weder auf die gemeinsamen Werte berufen noch geschlossen für deren Achtung eintreten. Ein mittlerer Grad an Wertekohärenz ist bei vereinzelter Berufung auf die Grundwerte durch EU-Repräsentanten festzustellen, die sich dabei jedoch in ihrer Beurteilung der Intensität des undemokratischen Verhaltens unterscheiden. Bei starker Wertekohärenz berufen sich EU-Repräsentanten geschlossen auf die gemeinsamen Grundwerte und beurteilen die Situation im Mitgliedstaat einheitlich.

Procedural-tactical cohesion ist die Fähigkeit der EU voneinander abweichende Präferenzen durch bewährte Maßnahmen und Instrumente in gemeinsamen Verhandlungen zu überwinden. Entscheidende Mechanismen, um Konflikte über das gemeinsame Vorgehen zu lösen, sind Kompromissbereitschaft, Verhandlungsstrategien oder Kompensationsleistungen (Groen/Niemann 2012: 3). Inwiefern die EU in der Lage ist, ein gemeinsames Vorgehen zu vereinbaren, wird dabei stark durch die Interessenlagen der Mitgliedstaaten beeinflusst. Zu beachten ist dabei aber, dass nicht alle Mitgliedstaaten über das gleiche Maß an Einfluss innerhalb der Union verfügen. So kommen van der Vleuten und Ribeiro Hoffmann (2010: 742) zu der Hypothese, dass eine Intervention in einem Mitgliedstaat am Wahrscheinlichsten ist, wenn dies im Interesse der größten Macht innerhalb einer regionalen Organisation ist. Die mächtigsten EU-Staaten verfügen zudem über die größten Möglichkeiten, andere Mitgliedstaaten in Verhandlungen über ein gemeinsames Vorgehen durch Versprechen oder Angebote in anderen Angelegenheiten auf die eigene Linie zu bringen. Auch Börzel et al (2013: 26) betonen die Bedeutung des Rückhalts durch den regionalen Hegemon für eine gelungene Intervention und deren letztendliche Effektivität. Die stärkste Ausprägung in dieser Kategorie liegt vor, wenn innerhalb der EU ein Konsens über das Vorgehen besteht bzw. ein Konsens über Strategien zur Konfliktlösung durch taktisches Vorgehen und interne Verhandlungen gefunden wird. Mittel trifft zu, wenn über das richtige Vorgehen zur Konfliktlösung öffentlich debattiert wird; gering, wenn keinerlei taktisches Vorgehen erfolgt bzw. keine Einigkeit über Strategien zur Konfliktlösung hergestellt werden kann.

Output cohesion besteht, sofern die EU überhaupt Politikergebnisse erreicht, unabhängig vom inhaltlichen Gehalt oder deren letztendlicher Wirkungskraft (Jupille/Caporaso 1998: 220). *Output cohesion* kann demzufolge als Ergebnis aus dem Verhältnis der Wertekohärenz und der prozedural-taktischen Kohärenz verstanden werden (Groen/Niemann 2012: 3). Hierbei werden die inhaltliche Einigkeit sowie die kohärente Umsetzung der gefassten Beschlüsse untersucht. Im Falle des Grundwerteverstoßes eines Mitgliedstaates besteht der Output in den beschlossenen Maßnahmen und gegebenenfalls erlassenen Sanktionen. Werden gemeinsame Maßnahmen beschlossen und umgesetzt, bedeutet dies eine starke *output cohesion.* Gestaltet sich die Umsetzung der Beschlüsse schwierig, da sie nicht von allen Akteuren eingehalten werden oder sich unterschiedliche Beschlüsse teilweise widersprechen, handelt es sich um eine mittlere Ausprägung. Gering bedeutet, dass keinerlei Maßnahmen oder Stellungnahmen erfolgen oder diese gänzlich im Widerspruch zu einander stehen.

3.2.3 Opportunity

Authority und *cohesion* bestimmen in ihrem Zusammenspiel die interne Handlungsfähigkeit der EU. Sie geben Auskunft über das theoretisch zur Verfügung stehende juristische und politische Handlungsrepertoire. Inwiefern dessen Anwendung tatsächlich auch als effektiv bezeichnet werden kann, entscheidet sich an den konkreten Bedingungen, unter denen es zum Einsatz kommt. Ob der Grad an EU-Handlungsfähigkeit in einem bestimmten Fall auch genügt, um die formulierten Ziele zu erreichen bzw. in welchem Maße, ist abhängig von den jeweiligen Opportunitätsstrukturen und der sich daraus ergebenden Verhandlungssituation (Groen/Niemann/Oberthür 2012: 176). Schließlich macht nicht zuletzt auch die Compliance-Forschung deutlich, dass die EU nur auf Basis einer Machtasymmetrie zu ihren Gunsten in der Lage ist, regelkonformes Verhalten bei ihren Mitgliedstaaten zu erzwingen. Zwar ist in Bezug auf Größe, wirtschaftliche Stärke und gegenseitige Abhängigkeiten in den meisten Fällen davon auszugehen, dass die EU gegenüber einzelnen Mitgliedstaaten über einen relativ eindeutigen Verhandlungsvorteil zu ihren Gunsten verfügt. Ob diese Verhandlungsmacht jedoch reicht, um das bestehende Problem zu lösen, und ob die EU gewillt ist, unter den vorhandenen Erfolgsaussichten ihren Vorsprung auch einzusetzen und die mit einer Intervention verbundenen materiellen und immateriellen Kosten, z.B. interne Verhandlungskosten und externen Imageverlust, zu tragen, lässt sich nicht generell beantworten und hängt zudem mit den alternativen Handlungsmöglichkeiten beider Verhandlungsgegner – EU und Mitgliedstaat – zusammen (Schimmelfennig et al. 2006: 20; Niemann/Junne 2011: 119).

Opportunity bezieht sich demnach auf den Kontext der spezifischen Situation. Vorhandende Vorstellungen und Ereignisse in diesem Kontext können das Handeln der EU entweder befördern und bei der Problemlösung unterstützen oder das Handeln der EU beeinträchtigen oder wirkungslos werden lassen (Bretherton/Vogler 2006: 24). Das Forschungsinteresse dieser Arbeit im Zusammenhang mit *opportunity* richtet sich vor allem auf die interne Situation in jenem Mitgliedstaat, dem ein Fehlverhalten vorgeworfen wird. Dabei ist zum einen Art und Ausmaß der Regelverletzung an sich von Bedeutung, zum anderen gilt es, die situationsspezifische Handlungsfähigkeit des Mitgliedstaates bzw. seiner Regierung in einer Auseinandersetzung mit der EU zu definieren.

Opportunity setzt sich somit aus den Kriterien *intensity of violation* und *actorness of member state* zusammen. Letzteres wiederum lässt sich noch einmal untergliedern und wird bestimmt durch die *domestic actor constellation* sowie die *socio-economic situation. Intensity of violation* geht davon aus, dass „the more massively and systematically the liberal values and norms are challenged or violated by a member state (…), the more salient the issue becomes and the stronger is the normative pressure on the actors to take action and redress the situation" (Schimmelfennig et al. 2006: 22). Je offensichtlicher und schwerwiegender die Verstöße gegen die europäischen Grundwerte ausfallen, umso stärker dürften die Appelle und die Selbstverpflichtung der EU für ein entschiedenes Eingreifen und demnach die Ausprägung in dieser Kategorie sein. Ob und wie der Eingriff tatsächlich erfolgt, hängt jedoch von den Interventionskosten ab (ebd.).

Diese werden wesentlich von der *domestic actor constellation* bestimmt. Welche Macht und welchen Rückhalt hat die Regierung des renitenten Mitgliedstaats in der eigenen Bevölkerung, welche oppositionellen Kräfte und potentiellen Veto-Spieler (strukturelle wie Parlament oder Verfassungsgericht oder nicht konstante zivile Bewegungen) gibt es, die als mögliche Verbündete der EU fungieren könnten (Closa 2009: 84)? Insbesondere die Parteien-Konstellation ist dabei von Bedeutung, aber auch die NGO-Landschaft oder die Existenz von außerparlamentarischen Protestgruppen spielen eine Rolle. Externer Druck auf die Regierung eines Mitgliedstaats, die demokratische Prinzipien missachtet, hat demnach mehr Aussicht auf Erfolg, wenn es im Land starke demokratische Kräfte gibt, die bei zukünftigen Wahlen realistische Gewinnchancen haben oder die Regierung zumindest erheblichen Gegenwind in der Bevölkerung verspürt. Geringere Aussicht auf Erfolg durch politischen Druck besteht hingegen, wenn die Regierungsmacht im Mitgliedstaat relativ unangefochten ist oder gar die Situation vorherrscht, dass auch die stärksten oppositionellen Kräfte den anti-demokratischen Kurs der Regierung mittragen (Schimmelfennig et al. 2006: 10).

Das Kriterium *socio-economic situation* berücksichtigt schließlich die gesellschaftliche Situation und die wirtschaftliche Lage in dem Mitgliedstaat. Diesem Kriterium liegt die Annahme zugrunde, dass bei großem *misfit* zwischen EU-Vorgaben und nationaler Umsetzung die Erfolgsaussichten der EU am größten sind, wenn im betreffenden Mitgliedstaat eine Krisensituation vorliegt. Eine wirtschaftliche Krise mit harten sozialen Auswirkungen sorgt demnach für die günstigsten Voraussetzungen für die EU, um erfolgreich einzugreifen und die demokratischen Umsetzungsprobleme zu beseitigen. Eine positive Wirtschaftslage hingegen stärkt voraussichtlich den Rückhalt der Regierung und erschwert die Bedingungen für eine erfolgreiche Intervention (Börzel 2003: 16).

3.3 Fallauswahl

Diese Arbeit untersucht den Umgang der EU mit Mitgliedstaaten, die demokratische Prinzipien missachten – oder zumindest dem Vorwurf ausgesetzt sind, dies zu tun – anhand von zwei Fällen. Für beide wird das Konzept der EU-internen Handlungsfähigkeit angewendet und damit auf seine Eignung überprüft. Zum einen betrifft dies die EU-Handlungsfähigkeit im „Fall Österreich" aus dem Jahr 1999/2000 und zum anderen gegenüber der ungarischen Regierung unter Premierminister Viktor Orbán, von der Wahl Victor Orbáns zum Premierminister im Mai 2010 bis zur Europawahl 2014. Während die Handlungsfähigkeit gegenüber Ungarn eigentlicher Gegenstand der empirischen Untersuchung ist, wird der „Fall Österreich" als theoretische Vergleichsfolie herangezogen, da er allgemein als Präzedenzfall für den Umgang der EU mit Demokratieverstößen in Mitgliedstaaten gilt. Die Erfahrungen aus dem „Fall Österreich" haben sowohl für die Weiterentwicklung des EU-Vertrags als auch für den politischen Umgang der EU mit Verdachtsfällen von Problemen bei der Einhaltung demokratischer Prinzipien in Mitgliedstaaten eine Rolle gespielt. Zudem ist er auch aus wissenschaftlicher Perspektive gründlich untersucht worden (Träbert 2010: 83).

Der Konflikt mit Ungarn ist nicht nur jünger, sondern auch noch nicht abgeschlossen. Die Vorwürfe gegenüber Ungarns nationalkonservativer Regierung werden seit Jahren erhoben und die EU und Ungarn haben ihre Differenzen auf unterschiedlichen Wegen ausgetragen. Doch eine grundsätzliche Lösung ist ebenso wenig in Sicht wie ein ungarischer Regierungswechsel. Die Auseinandersetzung mit Ungarn kann ferner als erste und ernsthafte Prüfung dafür angesehen werden, wie die EU unter den Bedingungen des Lissaboner Vertrags agiert. Insofern bietet die Kombination beider Fälle die Möglichkeit, die interne EU-Handlungsfähigkeit im Umgang mit Mitgliedstaaten, die demokratische Prinzipien missachten, unter unterschiedlichen rechtlichen und politischen Rahmenbedingungen zu untersuchen und in Hinblick auf ihre Effektivität zu bewerten.

3.4 Methode

3.4.1 Process Tracing

Der empirische Teil dieser Arbeit bedient sich der Methode des Process Tracing, mit der der Einfluss der im Abschnitt 3.2 im Detail beschriebenen Kriterien auf die Handlungsfähigkeit der EU bei Verletzungen demokratischer Prinzipien im Falle Ungarns untersucht werden soll. Dieser qualitative Ansatz zielt darauf ab, kausale Prozesse zwischen einer oder mehreren unabhängigen Variablen und dem Ergebnis (*Outcome*) einer abhängigen Variablen offenzulegen, indem Kausalketten nachvollzogen und kausale Mechanismen identifiziert werden (George und Bennett 2005: 206). Die Analyse solcher Mechanismen ist „particularly helpful in reducing the lag between input and output, between cause and effect" (Checkel 2005: 4). Dabei kann sowohl theorietestend als auch theorieentwickelnd vorgegangen werden, wobei sich Letzteres insbesondere auch dann anbietet, wenn bestehende Theorien konkrete Wirkungsprozesse zwischen unabhängigen und abhängigen Variablen aussparen und damit die Generierung von Hypothesen erschweren oder unmöglich machen (George/Bennett 2005: 209).

Anhand eines bestimmten Falls, dessen Ergebnis erklärt werden soll, werden über die Methode des Process Tracing sowohl Wirkungsfaktoren identifiziert als auch auf ihren spezifischen Beitrag zum Zustandekommen des Outputs untersucht. Die Wirkungsrichtung muss dabei nicht zwangsläufig linear sein (ebd.: 212), mögliche Erklärungsfaktoren sind nicht notwendigerweise voneinander unabhängig (ebd.: 207). Vielmehr besteht die Stärke des Process Tracing genau darin, auch das mögliche Zusammenspiel bestimmter Mechanismen für das Zustandekommen eines bestimmten Outcomes erfassbar zu machen (ebd.). Darüber hinaus wird auch Äquifinalität nicht ausgeschlossen. Das bedeutet, dass es nicht nur eine einzelne Ursache für eine bestimmte Wirkung geben muss, sondern dass es, insbesondere wenn menschliche Akteure am Ergebnis beteiligt sind, alternative Wege geben kann, die das Eintreten eines Ergebnisses ermöglichen (ebd.). Entsprechend kann es unterschiedliche Fälle geben, die das gleiche Ergebnis aufweisen, welches aber auf unterschiedliche Art und Weise zustande gekommen sein kann. Insbesondere aus diesem Grund kann Process Tracing durchaus auch bei Studien mit großen Fallzahlen, die Erklärungen in der Regel mithilfe statistischer Auswertungsmethoden liefern, als sinnvolle Ergänzung herangezogen werden, um das Übersehen möglicher Äquifinalität zu vermeiden (ebd.: 215).

Eine der Herausforderungen bei der Durchführung des Process Tracing besteht in der Zusammenstellung des Materials, die der Analyse zugrunde gelegt wird (Checkel 2005: 18). George und Bennett (2005: 223) merken dazu an: Process Tracing „can require enormous amounts of information, and is weakened when data is not available on key steps in a hypothesized process". Insbesondere vor schwach entwickeltem theoretischen Hintergrund lassen sich alternative Lösungen nicht restlos erfassen. Gleichzeitig kann der Versuch einer weitgehenden Erfassung forschungsökonomische Möglichkeiten schnell überschreiten (Checkel 2005: 18). Möglichst gründliche theoretische Vorarbeit scheint daher in jedem Fall geboten, auch um zu vermeiden, sich im Detail zu verlieren und den Blick für größere Zusammenhänge zu verlieren (ebd.: 19). Für die vorliegende Arbeit bedeutet dies, dass der Fokus darauf gelegt wird, theoretisch als relevant erachtete Faktoren in ihrer Wirkung und insbesondere in ihrem Zusammenspiel für das Outcome der Handlungsfähigkeit der EU im Falle von Verletzungen demokratischer Prinzipien in Ungarn zu untersuchen. Der Blick für weitere Mechanismen wird dabei nicht verschlossen, gleichzeitig bildet es allerdings auch nicht den Schwerpunkt der Arbeit, alternative Erklärungsfaktoren offenzulegen. Auf diese Weise versucht die Arbeit einen gezielten Beitrag zum weiteren Verständnis bestimmter bereits theoretisch vordefinierter Kriterien und ihrer Wirkung im speziellen Fall zu leisten. Vornehmlicher Erkenntnisgewinn liegt entsprechend in der Erklärung des Falles und seiner spezifischen Konfiguration von Faktoren und Outcome. Gleichzeitig ist eine gewisse Generalisierbarkeit nicht ausgeschlossen, insbesondere dann, wenn die untersuchten Mechanismen auf bestehenden Gesetzen und Verträgen beruhen, die auf ihre Effektivität im Hinblick auf ein normativ gewünschtes Ergebnis (bzw. den Abgleich mit der Realität) geprüft werden.

3.4.2 Quellen

Die Datenerhebung bedient sich unterschiedlicher Quellen, um die Informationssammlung zur Bewertung der Kategorien und des Outcomes möglichst sättigend zu gestalten und systematische Informationsverluste bei der Konzentration auf eine Quelle zu verhindern. Das Material, das der Auswertung als Grundlage dient, setzt sich neben dem EU-Vertrag in den Versionen von Amsterdam (1997) und Lissabon (2009) aus Dokumenten der EU-Kommission, des EU-Parlaments, des Rates der Europäischen Union, des Europäischen Gerichtshof, der Berichterstattung führender deutscher Printmedien sowie zusätzlich erhobenen Experteninterviews zusammen.

Über das öffentlich zugängliche Dokumentenregister der EU-Kommission[9] wurden im Rahmen dieser Untersuchung alle Dokumente erfasst, die von der Kommission zum Thema Ungarn seit 2009 veröffentlicht worden sind. Diese umfassen Mitteilungen an den Rat, Empfehlungen und Vorschläge für (Durchführungs-)Beschlüsse an den Rat bzw. Empfehlungen des Rats, Arbeitsdokumente und Informationsvorlagen (Analysen und Einschätzungen zur Lage in Ungarn) zur Vorbereitung von Empfehlungen oder Beschlüssen sowie Pressemitteilungen. Um die Befassung des Europäischen Parlaments mit dem Fall Ungarn nachvollziehen zu können, wurde die Behandlung im

9 http://ec.europa.eu/transparency/access_documents/index_de.htm.

Plenum erhoben.[10] Seit 2009 beschäftigte sich das Parlament mit der Medienreform, der Justizreform, den Menschenrechten und allgemeinen politischen Entwicklungen in Ungarn. Das zu den jeweiligen Themengebieten gesammelte Material umfasst verschriftliche Plenardebatten, Anfragen an die Kommission einschließlich ihrer Antworten, Entschließungsanträge sowie Resolutionen.

Dokumente des Rats der Europäischen Union wurden über das Dokumentenregister erhoben.[11] Die Sammlung umfasst jene Beschlüsse des Rates seit 2009, die mit Bezug auf Ungarn gefasst worden sind. Die wirtschaftliche Entwicklung steht hierbei in der Regel im Vordergrund. Gesellschaftspolitische Entwicklungen sind nur am Rande Inhalt von Stellungnahmen. Der Europäische Gerichtshof hat sich im Erhebungszeitraum unter anderem mit der Justizreform sowie der Entlassung des ungarischen Datenschutzbeauftragten beschäftigt. Beide Urteile wurden über das Dokumentenregister des EuGH[12] gesichert und fließen in die Analyse ein.

Über offizielle Dokumente der Europäischen Union hinaus wurde die Berichterstattung führender deutscher Print- und Onlinemedien (Süddeutsche Zeitung, Frankfurter Allgemeine Zeitung, Die Zeit, Spiegel Online) für die Zeitspanne 2009 bis 2014 gesichert. Die Auswahl der Medien berücksichtigt mit den beiden führenden Qualitätszeitungen, einem Wochenmagazin sowie einem Online-Leitmedium ein breites publizistisches Spektrum. Die Sammlung erfolgte für Die Zeit und Spiegel Online über LexisNexis, für die Süddeutsche Zeitung und die Frankfurter Allgemeine Zeitung jeweils über die Online-Archive der Nachrichtenportale.[13] Die Auswertung der EU-Dokumente sowie der Medienberichterstattung erfolgte computergestützt mit dem Softwareprogramm MaxQDA.

Tansey (2007) empfiehlt die Ergänzung schriftlicher Quellen und offizieller Dokumente durch Experteninterviews („elite interviewing"). Diese ermöglichen den Forschenden gezielte aus der Theorie hergeleitete Fragen an in die Prozesse eingebundene Personen zu stellen und damit das vorliegende Material sinnvoll zu ergänzen: „By allowing researchers to communicate with key players directly, and by enabling them to frame that communication according to theoretical interests and priorities, interviews can facilitate the collection of

10 http://www.europarl.europa.eu/plenary/de/minutes.html.

11 http://www.consilium.europa.eu/documents.aspx?lang=de.

12 http://curia.europa.eu/juris/recherche.jsf?language=de.

13 Folgender Searchstring wurde für die Erhebung des Medienmaterials verwendet: „Ungarn and Orbán or Ungarn and Fidesz or Ungarn and Grundrechte or Ungarn and Justizreform or Ungarn and Medienreform or Ungarn and Rechtsextremismus or Ungarn and EU Sanktionen or Ungarn and EU Parlament or Ungarn and EU Kommission or Ungarn and EuGH"

data that is highly relevant and specific to the research objectives being pursued" (ebd.: 771).

Die jeweilige Relevanz der unterschiedlichen Quellenarten variiert zwischen den Dimensionen des Forschungsdesigns. *Authority* untersucht die theoretischen juristischen Mittel, die der EU zur Verfügung stehen. Insofern bilden die offiziellen Vertragstexte und die Kopenhagen-Kriterien hierbei die Grundlage. Die Analyse der Medienberichterstattung hingegen spielt vor allem bei der Untersuchung von *cohesion*, dem politischen Vorgehen der EU, die zentrale Rolle. Sie ist aber auch für die Untersuchung der Opportunitätsstrukturen von hoher Bedeutung. Letztere werden durch die Experteninterviews noch einmal vertiefend beleuchtet. Dabei richtet sich der Fokus der Interviews vor allem auf die innenpolitische Situation in Ungarn, da diese in deutschen Medienberichten zumeist weniger detailliert dargestellt wird als die Positionen der EU, die zudem durch die Kombination aus EU-Dokumenten und medial erfassten Aussagen gut nachvollziehbar sind. Auch kann so einer potentiellen Verzerrung oder Verkürzung durch einen möglichen Bias in der deutschen Berichterstattung entgegengewirkt werden.

Entsprechend richten sich die Experteninterviews an Repräsentantinnen und Repräsentanten der ungarischen Zivilgesellschaft und Vertreterinnen und Vertreter von Nichtregierungsorganisationen. Für die Untersuchung wurden mit drei zivilgesellschaftlichen Vertretern Interviews geführt (Verschriftlichungen im Anhang, Abschnitt III). Mit Jan Niklas Engels, dem Landesvertreter der Friedrich-Ebert-Stiftung Ungarn mit Sitz in Budapest, konnte am 12. Dezember 2014 ein face-to-face Interview vor Ort in Budapest am Rande einer von der Friedrich-Ebert-Stiftung organisierten Diskussionsveranstaltung zur Situation in Ungarn geführt werden. Das Interview wurde digital aufgezeichnet und anschließend transkribiert. Gleiches gilt für das Interview vom 9. Dezember 2014 mit Armin Langer, einem auszubildenden Rabbiner und politischen Aktivisten, das in Berlin geführt wurde. Von Jonathan Mack, dem Geschäftsführer der NGO Phiren Amenca, konnte im Dezember 2014 die Beantwortung der Interviewfragen schriftlich eingeholt werden.

4 Untersuchung der Handlungsfähigkeit der EU im Konflikt mit Österreich

4.1 Der „Fall Österreich"

In der Geschichte der EU liegen bisher nur wenige Fälle vor, in denen Verstöße gegen demokratische Prinzipien in einem EU-Mitgliedstaat wahrgenommen wurden und die Notwendigkeit einer europäischen Intervention zum Schutz der Demokratie diskutiert wurde. Neben den aktuellen Vorwürfen gegen Ungarn und Rumänien (2012), demokratisch-rechtstaatliche Prinzipien zu missachten, sind in diesem Zusammenhang lediglich drei weitere Fälle zu nennen: zum einen die erstmalige Regierungsbeteiligung der rechtspopulistischen FPÖ in der österreichischen Bundesregierung im Jahr 2000, zum anderen die Verletzung der Pressefreiheit in Italien durch eine bedenkliche Medienkonzentration im Besitz des gleichzeitigen Ministerpräsidenten, Silvio Berlusconi, im Jahr 2001 sowie die Vorwürfe gegenüber Frankreichs Regierung unter Präsident Nicolas Sarkozy für die massenhafte EU-interne Abschiebung von Sinti und Roma im Jahr 2010 (van der Vleuten/Ribeiro Hoffmann 2010: 743; van Hüllen/Börzel 2013: 5).

Allein im „Fall Österreich" wurden Sanktionen nicht nur geprüft, sondern auch realisiert. Allerdings erfolgten diese Sanktionen vor allem aufgrund fehlender Instrumente im EU-Recht in Folge gemeinsamer Absprachen zwischen den Mitgliedstaaten. Nach den Nationalratswahlen in Österreich im Jahr 1999 schienen die Gespräche auf eine Koalition zwischen der Österreichischen Volkspartei (ÖVP) von Kanzler Wolfgang Schüssel und der rechtspopulistischen Freiheitlichen Partei Österreichs (FPÖ) des für seine rassistischen und fremdenfeindlichen Aussagen bekannten Jörg Haider hinauszulaufen. Daraufhin veröffentlichte die portugiesische Ratspräsidentschaft am 31. Januar 2000 eine gemeinsame Erklärung aller anderen 14 EU Mitgliedstaaten, in denen sie präventive Maßnahmen für den Fall ankündigten, dass eine österreichische Koalitionsregierung die FPÖ integriere. Die Strafmaßnahmen traten mit der Regierungsbildung zwischen ÖVP und FPÖ am 4. Februar in Kraft (Merlingen et al. 2001: 73). Bereits im September 2000 wurden die Sanktionen auf Basis eines eigens bestellten Berichts von „Drei Weisen" aufgehoben. Das Trio war auf Bestreben der portugiesischen EU Präsidentschaft durch den Europäischen Gerichtshof für Menschenrechte einberufen worden und kam in seinem Bericht zu dem Schluss, dass allein durch die Regierungszugehörigkeit der FPÖ keine ernsthafte Gefahr für die österreichische Demokratie ausgehe (Sadurski 2010: 8; van Hüllen/Börzel 2013: 14).

Der „Fall Österreich" war damit Anlass für weitere Veränderungen im EU-Vertragswerk bei den Sanktionsmöglichkeiten der EU und erfolgte gerade in Hinblick auf die anstehende Osterweiterung (Merlingen et al. 2001: 73). Im

Vertrag von Nizza wurde das Sanktionsverfahren nach Artikel 7 EUV dahingehend ergänzt, dass die EU bereits Reaktionsmöglichkeiten bei der drohenden Gefahr eines Regelverstoßes und nicht erst bei einer erfolgten Verletzung besitzt (vgl.: Träbert 2010: 84). Gleichzeitig sorgten aber die Erfahrungen aus dem „Fall Österreich" sowie die Änderungen am EU-Vertragswerk dafür, dass die EU weitaus weniger leicht dazu bereit ist, offen Schritte gegen nationale Regierungen zu ergreifen, die im Verdacht stehen, demokratische Prinzipien zu missachten, wie sich unter anderem an den ausgebliebenen Sanktionen für Italien nur kurze Zeit später gezeigt hat (vgl. Leconte 634).

4.2 Authority

Erst seit dem Vertrag von Amsterdam (1997; in Kraft getreten am 1.5.1999) bildet die Frage nach internem Demokratieschutz einen expliziten Bestandteil des europäischen Integrationsprozesses. Zuvor bestand diese allein in einer Anti-Diskriminierungspolitik, deren Durchsetzung dem Europäischen Gerichtshof zufiel. Die EU setzte dabei jedoch keine eigenen Governance-Standards oder Richtlinien für deren politische und institutionelle Umsetzung in den Mitgliedstaaten. Für weitergehende Maßnahmen bestand lange Zeit auch keine Notwendigkeit, nachdem die europäische Gemeinschaft jahrzehntelang ohne eine tatsächliche Sanktionsmöglichkeit ausgekommen war, die über das reine Vertragsverletzungsverfahren hinausging. Diese Zahnlosigkeit im Ernstfall eines vertragsbrüchigen Mitgliedstaates wurde erstmals 1978 im Zusammenhang mit dem Beitritt Griechenlands und ersten Fragen um Einhaltung von Demokratie und Menschenrechten kommissionsintern kritisch diskutiert. Der Vorschlag eines Feststellungs- und Sanktionsverfahren wurde jedoch nicht weiter verfolgt, „angeblich, um den tatsächlichen Eintritt eines zu sanktionierenden Falles nicht heraufzubeschwören" (Träbert 2010: 42).

Der Vertrag von Amsterdam markiert in dieser Hinsicht einen Wendepunkt. Darin wurde zum einen das Anti-Diskriminierungsgesetz formalisiert und erweitert und zum anderen eine Demokratieklausel samt Interventionsmechanismus zum Schutz der europäischen Grundwerte in den Mitgliedstaaten eingeführt. Mit Artikel 7 EUV erhielt die Union erstmals ein rechtliches Sanktionsinstrument gegenüber Mitgliedstaaten, die gegen die gemeinsamen Prinzipien aus dem damaligen Artikel 6 Absatz 1 EUV (heute Art. 2 Abs. 1 EUV) verstoßen (van Hüllen/Börzel 2013: 13).

Die wahrgenommene Notwendigkeit für dieses Instrument steht stark in Verbindung mit der anstehenden größten Erweiterung der EU-Geschichte von 15 auf 27 Mitgliedstaaten und der Unsicherheit bezüglich der demokratischen Konsolidierung der neuen Mitglieder. Diese Erweiterung bedeutete nicht nur ein erhebliches Mehr an Mitgliedern und EU-Bürgerinnen und Bürger, sondern auch eine beachtliche Zunahme an sozialer, wirtschaftlicher und politischer Vielfalt der Union, inklusive problematischer Lebensbedingungen von ethnischen Minderheiten in einigen neuen Mitgliedstaaten. Für diese jungen

Demokratien bestand die Sorge, dass allein die Mitgliedschaft in der EU als Garantie vor einem neuerlichen Abgleiten in autokratische Zustände nicht ausreichen könnte. Vor diesem Hintergrund drängten sowohl Wissenschaftler als auch Politiker auf Möglichkeiten der EU, den eigenen demokratischen Status quo in der Union verteidigen und durchsetzen zu können (Träbert 2010: 70f.). Letztendlich geht der Sanktionsmechanismus auf eine Reflexionsgruppe zurück, die dessen Einführung in ihrem Abschlussbericht im Dezember 1995 eindringlich empfahl (Sadurski 2010: 4-7). Entsprechend wurde der Vorschlag eines Sanktionsmechanismus gegen Mitgliedstaaten für Verstöße gegen die Grundwerte der Union auf der Regierungskonferenz 1996 diskutiert und schließlich bei der Erstellung des Vertrags von Amsterdam berücksichtigt (Träbert 2010: 68f.).

Weitere EU-Dokumente, wie der politische Teil der Kopenhagen-Kriterien, die sich mit der Bedeutung von Demokratie und ihrer Wirkungsweise in den Mitgliedstaaten auseinandersetzten, entstanden ebenfalls vor allem unter den Vorzeichen der Osterweiterung. Daher richteten sie sich an die Kandidatenstaaten der Erweiterungsrunde von 2004/2007, nicht bereits an jene vier von 1995, zu denen auch Österreich gehörte.

4.2.1 Value Definition

Der Aspekt der Wertedefinition fragt nach dem Verständnis der EU von ihren eigenen Grundwerten bzw. dessen Präzision auf Basis der offiziellen EU-Verträge und relevanten Dokumente. Die gemeinsamen Kernprinzipien der EU sind entsprechend ihrer Bedeutung zentraler Bestandteil des EU-Vertrags. In der zur Zeit der Ereignisse in Österreich gültigen Amsterdamer Fassung des EU-Vertrags stehen die Grundsätze in Artikel 6 Absatz 1 EUV und lauten im Wortlaut:

> „Die Union beruht auf den Grundsätzen der Freiheit, der Demokratie, der Achtung der Menschenrechte und Grundfreiheiten sowie der Rechtsstaatlichkeit; diese Grundsätze sind allen Mitgliedstaaten gemeinsam."

Gemeinsam sind die Prinzipien aus Artikel 6 demnach Teil des Homogenitätsgebots an die Mitglieder und von diesen zu gewährlisten. Rechtskommentare ziehen daraus als EU-Mindeststandard die Abhaltung freier und geheimer Wahlen mit mehreren Parteien sowie „Selbstbestimmung, Minderheitenschutz, Meinungs-, Vereinigungs- und Versammlungsfreiheit" (Klamt 2012: 302). Über das genauere, diesen gemeinsamen Grundsätzen zugrundeliegende Verständnis der komplexen Konzepte, wie sie etwa Demokratie und Rechtsstaatlichkeit zweifellos darstellen, geht aus dem EU-Vertrag an sich kaum etwas hervor. Lediglich die Verpflichtung aller Mitgliedstaaten auf ihren jeweiligen Beitrag zur Stärkung und Entwicklung von Demokratie und Rechtsstaatlichkeit als ein wichtiger Aspekt der gemeinsamen Außen- und Sicherheitspolitik bietet einen weiteren Verweis auf das Selbstverständnis als „club of democracies“ und daraus folgende Konsequenzen, jedoch ohne dessen inhaltliches Fundament tatsächlich zu stärken. Andererseits war der Amsterdamer Vertrag, die ihm vorangehende Regierungskonferenz 1996 sowie das Mandat der Reflexionsgruppe getragen von dem Ziel, dem Hauptkritikpunkt an der Europäischen Union – dem demokratischen Defizit – zu begegnen (Sadurksi 2010: 4). So hatte die Reflexionsgruppe explizit den Auftrag:

> „[to] examine and elaborate ideas relating to the provisions of the Treaty on European Union for which a revision is foreseen and other possible improvements in a spirit of democracy and openness" (European Council: 24.-25. Juni 1994, Presidency Conclusions, Part IV).

Erklärtes Ziel der Vertragsrevision und Überarbeitung der EU-Institutionen war also die Stärkung ihrer demokratischen Legitimität. Auch der Sanktionsmechanismus kann in diesem Zusammenhang als eine Maßnahme zur Bekämpfung des demokratischen Defizits gesehen werden, da sichergestellt werden soll, dass die demokratischen Grundsätze auf allen Ebenen der Union eingehalten werden. Die demokratische Legitimität auf supranationaler Ebene setzt schließlich eine ebenfalls einwandfreie demokratische Legitimität der in den Mitgliedstaaten gewählten bzw. von ihnen entsandten Repräsentanten voraus (Träbert 2010: 71).

Dem Auftrag der Reflexionsgruppe entsprechend betont auch der von der spanischen Ratspräsidentschaft ernannte Vorsitzende der Reflexionsgruppe, Carlos Westendorp Y Cabezo, in seinem dem Abschlussbericht vorangestellten Übermittlungsschreiben an den EU-Ratspräsidenten, dass die Reflexionsgruppe „im Geiste der Offenheit und Demokratie“ gearbeitet habe und „dass die Union, ebenso wie die Demokratie, auf der sie beruht, ihre Kraft in der Erhaltung und Harmonie ihrer Vielfalt finden“ (Bericht der Reflexionsgruppe 1995: Übermittlungsschreiben). Im eigentlichen Abschlussbericht wird die Bedeutung der gemeinsamen Werte von Demokratie und Menschenrechten als Garanten für Frieden und innere Sicherheit betont. Diese seien zwar durch die Mitgliedstaaten garantiert, sollten durch den gemeinsamen Vertrag aber eindeutiger propagiert werden. Konkretisiert werden diese gemeinsamen europäischen Werte vor allem dadurch, dass sie zum einen auf gesellschaftlicher bzw. individueller Ebene „für die Gleichstellung von Mann und Frau, das Verbot der Diskriminierung aufgrund von Rasse, Religionszugehörigkeit, sexuellen Neigungen, Alter oder Behinderung“ sowie für die „ausdrückliche Verurteilung von Rassismus und Fremdenfeindlichkeit“ (Bericht der Reflexionsgruppe 1996: Erster Teil, Ziffer I) und zum anderen auf europäischer Ebene für eine „weitere Demokratisierung [...] der europäischen Organe“ sorgen sollen (ebd.: Erster Teil, Ziffer II). Um Letzteres zu erreichen, werden insbesondere eine Stärkung des EU-Parlaments durch eine Ausdehnung seiner Mitentscheidungskompetenz sowie eine angemessene Einbindung der nationalen Parlamente vorgeschlagen.

Die Regierungskonferenz von 1996 folgte vielen Empfehlungen der Reflexionsgruppe in Hinblick auf die Stärkung der demokratischen Grundlagen und der Bürgernähe. So wurde das Mitentscheidungsverfahren des EU-Parlaments auf viele Bereiche ausgedehnt, auch der Grundrechteschutz wurde durch mehrere Änderungen ausgebaut. Dazu gehört neben der eigentlichen Sanktionsmöglichkeit von demokratieverletzenden Mitgliedstaaten auch die verstärkende Selbstverpflichtung aller Mitgliedstaaten. Diese verpflichten sich zum einen auf die gemeinsamen Grundsätze in Artikel 6 Absatz 1 EUV und zum anderen mit der Einfügung von Artikel 6 Absatz 2 EUV ebenfalls auf die Achtung der Europäischen Konvention für Menschenrechte (EMRK). Der Bezug auf die EMRK bietet die deutlichste Aussage darüber, was unter Wahrung der Grund-sätze – zumindest in Bezug auf Menschenrechte und Grundfreiheiten – zu verstehen ist und erscheint auch insofern hilfreich, da diese bereits als Leitlinien des Europäischen Gerichtshof (EuGH) fungierten (Schmahl 2000: 823).

Aufgrund der geschilderten Datenlage lässt sich der Grad der EU-Handlungsfähigkeit für den Aspekt der *value definition* zum Zeitpunkt des „Fall Österreich" als gerade so *mittel* einstufen. Demokratie wird gemeinsam mit der Achtung der Menschenrechte und zumeist in Kombination mit Rechtsstaatlichkeit und Freiheit in allen relevanten EU-Dokumenten als fundamentaler Bestandteil der europäischen Wertegemeinschaft angeführt. Deren Bedeutung wird nicht nur betont, sondern auch unterstrichen, indem besondere Anstrengungen unternommen werden sollen, um die demokratischen Prinzipien auf der nationalstaatlichen und auf der supranationalen Ebene zu erhalten und zu stärken. Demnach nimmt Demokratie offensichtlich eine Schlüsselrolle für den Fortbestand der EU ein. Wie diese Schlüsselrolle tatsächlich aussieht, wie die einzelnen Grundwerte zueinander in Beziehung stehen und welche Anforderungen sich daraus an ein demokratisches System – ob in der Union oder im Mitgliedstaat – ergeben, bleibt anhand der EU-Dokumente jedoch unklar. Das gemeinsame europäische Verständnis von Demokratie scheint dabei vorausgesetzt zu werden, wird jedoch nicht näher ausformuliert.

4.2.2 Enforcement Structure

Der Aspekt *enforcement structure* untersucht die Stärke des Interventionsmechanismus, welcher der EU zur Verfügung steht. Grundlage dafür, dass die EU mit dem Vertrag von Amsterdam einen Sanktionsmechanismus für den Fall von Verstößen gegen demokratische Prinzipien erhielt, war die Empfehlung der bereits erwähnten Reflexionsgruppe. Diese empfahl die Aufnahme eines eigenen Artikels,

> „der ein Sanktionsverfahren vorsieht, das für einen Staat, der wiederholt schwere Verstöße gegen die grundlegenden Menschenrechte oder die demokratischen Grundrechte begeht, sogar die Aussetzung

der aus seiner Mitgliedschaft resultierenden Rechte zur Folge haben kann" (Bericht der Reflexionsgruppe 1995: Absatz 31-33).

Einige in der Gruppe hatten gar für die Möglichkeit eines Ausschlusses plädiert, dagegen wurden jedoch mehrheitlich Bedenken erhoben, da dies die Unwiderruflichkeit der Union in Frage stelle (ebd.: Abs. 33).

Mit der Aufnahme von Artikel 7 EUV wurde der Vorschlag der Reflexionsgruppe berücksichtigt. Die Union erhielt erstmals ein spezielles Sanktionsverfahren für Fälle von Verstößen in einem Mitgliedstaat gegen die in Artikel 6 Absatz 1 EUV festgelegten gemeinsamen Grundsätze. Seitdem verfügt die EU also sowohl über eine Demokratieklausel, die ihre demokratische Identität bekräftigt und ihre Mitgliedstaaten zur Einhaltung demokratischer Prinzipien verpflichtet als auch über eine Interventionsmöglichkeit bei Verstößen gegen diese Prinzipien (van der Vleuten/Ribeiro Hoffmann 2010: 743).

Dieses Verfahren ist zweistufig und besteht aus einem Feststellungsbeschluss (Art. 7 Abs. 1 EUV, Amsterdamer Fassung) sowie dem eigentlichen Sanktionsbeschluss (Art. 7 Abs. 2 EUV, Amsterdamer Fassung). Auf Vorschlag eines Drittels der Mitgliedstaaten oder der Kommission und nach Zustimmung des Parlaments kann der Europäische Rat in der Zusammensetzung der Staats- und Regierungschefs einstimmig feststellen, ob eine „schwerwiegende und anhaltende Verletzung von in Artikel 6 Absatz 1 genannten Grundsätzen durch einen Mitgliedstaat vorliegt." Für einen Feststellungsbeschluss reicht es somit aus, dass einer der Grundsätze aus Artikel 6 Absatz 1 EUV verletzt wird (Schmahl 2000: 823). Zuvor muss die Regierung des betroffenen Mitgliedstaats allerdings zu einer Stellungnahme aufgefordert worden sein, um die Möglichkeit zu haben, ihre Sichtweise darzulegen. Der Feststellungsbeschluss ist die notwendige Voraussetzung des Sanktionsbeschlusses. Wurde die Feststellung getroffen, „kann der Rat mit qualifizierter Mehrheit beschließen, bestimmte Rechte auszusetzen, die sich aus der Anwendung dieses Vertrags auf den betroffenen Mitgliedstaat herleiten, einschließlich der Stimmrechte der Vertretung der Regierung dieses Mitgliedstaats im Rat."

Auch in der Frage der Sanktionshärte wurde demnach dem mehrheitlichen Votum der Reflexionsgruppe entsprochen und von einer weitergehenden Maximalstrafe, etwa dem Ausschluss aus der Union, Abstand genommen (van Hüllen/Börzel 2013: 18). Allerdings bietet die gewählte Höchststrafe mit dem Aussetzen des Stimmrechts und – nicht zuletzt – der damit einhergehenden öffentlichen Bloßstellung des Mitgliedstaats erhebliches Drohpotential.[14] Neben der Aussetzung des Stimmrechts kommen als Sanktionsmaßnahmen z.B. die Suspendierung von Rechten aus der Gemeinsamen Außen- und Sicherheitspolitik (GASP), der polizeilichen und justiziellen Zusammenarbeit

[14] Laut Schmahl (2000: 830) könnte die EU in äußersten Fällen durch Rückgriff auf das Völkerrecht sogar doch von der Möglichkeit des Ausschlusses Gebrauch machen.

(PJZS), der Entzug von EU-Positionen (etwa Ratsvorsitz) oder von Teilnahmerechten an EU-Gremiensitzungen in Betracht (Schmahl 2000: 826).

Ferner hat das Sanktionsverfahren nach Artikel 7 EUV im Amsterdamer Vertrag durch Artikel 309 im Vertrag zur Gründung der Europäischen Gemeinschaft (EGV)[15] auch unmittelbare Auswirkungen auf den gesamten Bereich des europäischen Gemeinschaftsrechts. So wird in Artikel 309 Absatz 1 EGV festgehalten, dass die Aussetzung des Stimmrechts nach Artikel 7 Absatz 2 EUV auch automatisch in Bezug auf diesen Vertrag gilt. Darüber hinaus können durch Artikel 309 Absatz 2 EGV bestimmte Rechte aus diesem Vertrag sogar bereits mit qualifizierter Mehrheit ausgesetzt werden, nachdem eine schwerwiegende und anhaltende Verletzung der Grundsätze lediglich festgestellt wurde. Neben dem Verlust der politischen Mitsprachrechte können sich damit je nachdem auch Einschränkungen in der wirtschaftlichen Zusammenarbeit oder die Verweigerung von Zahlungsmitteln aus dem Gemeinschaftsfonds ergeben. Dies kann unter Umständen erhebliche materielle Kosten für den betroffenen Mitgliedstaat bedeuten, während die materiellen Kosten für die EU zumindest in den Fällen der meisten Mitgliedstaaten überschaubar wären (Träbert 2010: 69-73; Schmahl 2000: 827).

Insgesamt bedeuten die Voraussetzungen des Amsterdamer Vertrags einen *mittleren* Grad der Handlungsfähigkeit für die *enforcement structure*. Sowohl Demokratieklausel als auch Interventionsmechanismus sind grundsätzlich vorhanden. Der Strafkatalog verzichtet auf weitergehende Strafmöglichkeiten als die Aussetzung des Stimmrechts, bietet damit jedoch bereits ein beachtliches Drohpotential. Einschränkend wirkt allerdings der relativ geringe Geltungs- und Anwendungsbereich des Interventionsmechanismus. Artikel 7 kann als schärfstes Schwert der EU gegenüber ihren Mitgliedstaaten bezeichnet werden, stellt gleichzeitig aber auch den ihren letzten Ausweg dar. Aufgrund der Reduzierung auf bereits erfolgte Verletzungen der Grundsätze ist er lediglich reaktiv einsetzbar (Sadurski 2010: 10).

4.2.3 Clarity of Competences

Clarity of competences fragt nach der Eindeutigkeit mit der die Bedingungen für eine Intervention nach Artikel 7 EUV und die damit verbundenen Zuständigkeiten auf EU-Ebene geregelt sind. Die Entwicklung des Sanktionsmechanismus im Rahmen der Vorbereitung des Vertrags von Amsterdam wurde von zahlreichen Diskussionen über die genaue Ausgestaltung begleitet. Im Verlauf der ersten konkreten Ideen bis zur letztendlichen Vertragsfassung lässt sich dabei eine stärker werdende Rolle der Mitgliedstaaten verfolgen, die tunlichst

15 Diese Bestimmungen finden sich wortgleich in Artikel 294 im Vertrag zur Gründung der Europäischen Atomgemeinschaft (EAGV) und Artikel 96 im Vertrag zur Gründung der Europäischen Gemeinschaft für Kohle und Stahl (EGKSV) (Träbert 2010: 69).

darauf bedacht waren, die Eingriffe in nationales Hoheitsrecht zu minimieren und den juristischen Mechanismus innerhalb ihres Kontrollvermögens zu behalten. Zwar sahen auch die Mitgliedstaaten die Notwendigkeit eines Sanktionsverfahrens für den möglichen Verstoß gegen Grundsätze. Aus ihrer Perspektive erfolgte dies jedoch primär in Hinblick auf die anstehende Erweiterung und sollte die neuen Mitgliedstaaten kontrollieren, ohne der EU dabei gleichzeitig eine wirksame oder gar ständige Kontrollmöglichkeit über den Umgang mit der eigenen Bevölkerung zu geben. Weder die ursprünglich angedachte Kompetenz des EuGH über den Feststellungsbeschluss, noch die weitergehende Idee eines regelmäßigen Monitorings aller Mitgliedstaaten im Hinblick auf die Einhaltung des Nichtdiskriminierungsgebots schafften es daher in den endgültigen Vertrag. Insbesondere Letzteres war ursprünglich ein Anliegen des Europäischen Parlaments gewesen, dessen Nichtberücksichtigung eine stärkere Verrechtlichung des Sanktionsverfahrens verhinderte. Damit ist die Entscheidung über die Anwendung von Artikel 7 EUV ein höchst politisiertes Verfahren (Sadurski 2010: 9f).

Dabei sind die Zuständigkeiten im Verfahren zwischen den EU-Institutionen und damit auch zwischen den supranationalen und intergouvernementalen Organen aufgeteilt. Doch während die Kommission ebenso wie ein Drittel der Mitgliedstaaten allein das Vorschlagsrecht besitzen und das Parlament immerhin mit dem erforderlichen Quorum einer Zwei-Drittel-Mehrheit der abgegebenen Stimmen zustimmungspflichtig ist (Art. 7 Abs. 1 und Abs. 5), liegt die eigentliche Kompetenz über den Feststellungsbeschluss beim Rat in der Zusammensetzung der Staats- und Regierungschefs der Mitgliedstaaten. Indem Einstimmigkeit für den Feststellungsbeschluss nötig ist – mit Ausnahme des betroffenen Mitgliedstaats, dessen Stimme nicht berücksichtigt wird (Art. 7 Abs. 4 EUV) – wurde zudem eine besonders hohe Hürde geschaffen. Für den eigentlichen Sanktionsbeschluss sowie für dessen Änderung oder Aufhebung genügt zwar im weiteren Verfahren ein Beschluss mit qualifizierter Mehrheit, doch ist der Rat hierbei alleinverantwortlich (Art. 7 Abs. 2 und Abs. 3).

Nicht nur im Verfahren, sondern auch die qualitativen Anforderungen stellen hohe Hürden für den Einsatz von Artikel 7 dar. So rechtfertigt nicht jeder Verstoß gegen die Grundsätze aus Artikel 6 Absatz 1 in einem Mitgliedstaat ein unionales Eingreifen. Vielmehr muss der Rat in seinem Beschluss eine „schwerwiegende und anhaltende Verletzung" dieser Prinzipien feststellen (Art. 7 Abs.1). Einerseits soll damit die primäre Verantwortung der Mitgliedstaaten für deren Einhaltung respektiert werden. Andererseits lassen die Formulierungen „schwerwiegend und anhaltend" erheblichen Interpretationsspielraum dafür, ab wann eine derartige Verletzung tatsächlich vorliegt (von Bogdandy/Ioannidis 2014: 293). Ein Verstoß gegen die Grundsätze gilt demnach als „Verletzung", wenn die Gewährleistung der Grundsätze „rechtsförmlich aufgehoben oder suspendiert" (Träbert 2010: 251) ist oder faktisch durch staatliches Handeln eingeschränkt wird (ebd.). Das Kriterium „schwerwiegend" trifft für Fälle zu, in denen ein oder mehrere Grundsätze in ihrem „Kern- oder Wesensgehalt in Frage gestellt" (Schmahl 2000: 824) werden. Mitentscheidend für die Beurteilung ist dabei auch die Frage nach den Betroffenen. Handelt es sich etwa um besonders verletzbare Bevölkerungsgruppen, bspw. ethnische Minderheiten, trägt dies zum Ausmaß der Verletzung bei (Träbert 2010: 255). Der weitere Zusatz „anhaltend" berührt die zeitliche Dimension. Demnach reicht ein einmaliger Verstoß nicht aus[16]. Ab wann jedoch von einer anhaltenden Verletzung die Rede sein kann, unterliegt einem Beurteilungsspielraum anhand des konkreten Falls. „Je stärker der Eingriff [...], desto niedriger dürften jedoch die konkreten Anforderungen an die Dauer des Eingriffs sein" (Schmahl 2000: 824). Klar ist hingegen, dass sich der Anwendungsbereich sowohl auf Handlungen eines Mitgliedstaats erstrecken kann, die eine Verletzung der Grundsätze nach sich ziehen, als auch auf unterlassene Handlungen, die eine Verletzung der Grundsätze möglich gemacht haben (Träbert 2010: 250).

Insgesamt zeigen die Anforderungen, dass eine eindeutige und allgemeine Definition der Schwelle für eine Intervention nach Artikel 7 nicht gegeben werden kann. Vielmehr besteht hierbei ein großer Ermessensspielraum im konkreten Fall. Während sich dies für Fälle institutionalisierter Rassendiskriminierungen oder der formalen Abschaffung von Wahlen noch relativ eindeutig beurteilen lassen mag, wird es bereits bei der Frage schwierig, ab wann eine bestimmte Regierungspolitik eine dauerhafte Unterdrückung bestimmter Gruppen darstellt oder ab wann Beeinflussungen der Wahlkampfbedingungen durch eine starke Regierung bereits schwerwiegende Einschränkungen für den Grundsatz freier und fairer Wahlen bedeuten (Schmahl 2000: 824). Diese Unschärfe verwundert kaum angesichts der Tatsache, dass sich bereits die eigentlichen Grundsätze nur bedingt definieren lassen. Folgerichtig gilt dies ebenfalls für eine Einschätzung ihrer Verstöße. Die essentielle Bedeutung, welche die Grundsätze aus Artikel 6 für das europäische Selbstverständnis nach innen wie nach außen besitzen, wirft aber die Frage auf, „ob nicht jedes Ignorieren ihres Inhalts einen sanktionswerten Verstoß gegen die fundamentale Werteordnung der Europäischen Union darstellt" (Träbert 2010: 254).

---

16 Bei einzelnen Vertragsverletzungen, wie etwa Richtlinienverstößen, gilt ansonsten das Klageverfahren nach Art. 226 EGV sowie das Sanktionsverfahren nach Art. 228 EGV. Hierbei hat die Kommission als Hüterin der Verträge die Hoheit. Sie entscheidet über die Einleitung eines Verfahrens und schlägt eine Sanktion, in diesen Fällen Zwangsgelder, vor. Das endgültige Urteil obliegt dem EuGH. Schwachpunkte sind dabei zum einen das langwierige Verfahren und zum anderen die fehlende Effektivität. Weigert sich der betroffene Mitgliedstaat der Zahlungsaufforderung nach zu kommen, hat die Union zunächst keine weitere Handhabe. Prämisse ist somit, dass der Mitgliedstaat noch auf Grundlage des gemeinsamen Werteprinzips handelt (Träbert 2010: 212-214).

Für *clarity of competences* ist der Grad der Handlungsfähigkeit somit ebenfalls – wenn auch nur knapp – als *mittel* einzustufen. Die Zuständigkeiten im Verfahren für Artikel 7 sind zwar eindeutig geklärt und zwischen unterschiedlichen EU-Institutionen aufgeteilt. Zweifellos besitzt der intergouvernementale Rat dabei die meisten Kompetenzen. Deutlich weniger eindeutig fällt jedoch die Definition der Bedingungen aus, die einen Eingriff nach Artikel 7 rechtfertigen. Aufgrund der hohen Hürden ist der Interventionsmechanismus nur äußerst selten einsetzbar und hinterlässt eine Grauzone, die eine Vielzahl möglicher Fälle nicht erfasst (Sadurski 2010: 10).

4.3 Cohesion

Nachdem mit der Untersuchung von *authority* die zum Zeitpunkt des „Falls Österreich" vorhandenen juristischen EU-Sanktionsmöglichkeiten für Demokratiegefährdungen analysiert wurden, widmet sich *cohesion* der Frage nach dem politischen Umgang und Auftreten der EU in diesem Zusammenhang. Dabei wird untersucht, inwiefern die EU tatsächlich von den ihr zur Verfügung stehenden juristischen Möglichkeiten Gebrauch machen konnte bzw. gemacht hat und welche anderweitigen Schritte sie unternommen hat. Für einen hohen Grad der Handlungsfähigkeit bei *cohesion* muss es der EU, ihren Institutionen und Mitgliedstaaten gelingen, inhaltlich geschlossen aufzutreten und möglichst mit einer Stimme zu sprechen.

4.3.1 Value Cohesion

Der Aspekt der Wertekohärenz fragt nach, inwiefern sich die EU und ihre unterschiedlichen Repräsentanten bei ihrem Handeln auf die gemeinsamen Werte berufen und inwiefern sie dabei die Situation in einem betroffenen Mitgliedstaat in Hinblick auf Verstöße gegen die gemeinsamen demokratischen Prinzipien einheitlich beurteilen.

Auslöser für die Debatte um eine Demokratiegefährdung in Österreich war die sich abzeichnende erstmalige Regierungsbeteiligung der FPÖ in einer Koalition mit der konservativen ÖVP. Die europaskeptische FPÖ wurde und wird aufgrund ihres rechtspopulistischen Parteiprogramms und ihrer oftmals aggressiven von einem nationalistischen und fremdenfeindlichen Ton geprägten Rhetorik sowie für ihre historischen Wurzeln als Nachfolgepartei des von ehemaligen Kriegsveteranen und Nationalsozialisten gegründeten Verbands der Unabhängigen kritisiert. Insbesondere in der Person des für seine verbalen Provokationen bekannten Parteivorsitzenden Jörg Haider kulminierte die Kritik (Luther 2000: 426f.; Leconte 2005: 625).

So forderte der französische Präsident Jacques Chirac seine europäischen Kolleginnen und Kollegen zum Handeln auf. Im „Fall Österreich" zu schweigen, käme einer Legitimierung der revisionistischen und fremdenfeindlichen Positionen der FPÖ gleich (van der Vleuten/Ribeiro Hoffmann 2010: 744). Zustimmung erhielt er dabei u.a. vom deutschen Bundeskanzler Gerhard Schröder. Dieser folgte der französischen Initiative mit Verweis auf den Nationalsozialismus: „Die deutsche Geschichte ist noch immer sehr präsent“ (Die ZEIT: 17.2.2000, 8). Daraus zog er angesichts des österreichischen Rechtspopulismus die Konsequenz mit den europäischen Partnern handeln zu müssen. In einer außergewöhnlich starken Reaktion veröffentlichte die portugiesische Ratspräsidentschaft schließlich am 31. Januar 2000 eine gemeinsame Erklärung aller 14 EU Mitgliedstaaten, in denen sie präventive Maßnahmen für den Fall ankündigten, dass eine österreichische Koalitionsregierung die FPÖ integriere. Der Vertreter der portugiesischen Ratspräsidentschaft begründete diese Handlung im Europäischen Parlament mit eindeutigem Hinweis auf die Unvereinbarkeit der europäischen Werte und der FPÖ: „Our common understanding is that this party's position clearly runs counter to the values that we hold to be fundamental to Europe“ (EP-Debatte: 2.2.2000). Eine Regierungsbeteiligung der FPÖ gefährde demnach den Respekt für die Wertebasis aus Menschenrechten und Demokratie, deren Einhaltung längst keine rein nationale Angelegenheit mehr sei (ebd.).

Bis dato handelte es sich allein um einen intergouvernementalen Vorstoß. Weder Kommission noch Parlament waren im Vorfeld der EU-14-Erklärung von der Ratspräsidentschaft oder Präsident Chirac kontaktiert worden. Indem die Erklärung jedoch durch den amtierenden Ratspräsidenten verkündet wurde, erhielt die gemeinschaftliche Aktion einen klaren europäischen Bedeutungsgehalt, obwohl die bilateralen Präventionsmaßnahmen keineswegs durch Artikel 7 EUV oder einen anderen Aspekt des EU-Rechts abgedeckt waren. Die Kommission löste dieses Dilemma, indem sie sich gleichzeitig formal von den Sanktionsdrohungen und dem Vorgehen der EU-14 distanzierte, ohne sie dabei jedoch inhaltlich zu verurteilen. Kommissionspräsident Romano Prodi und sein Stellvertreter Neil Kinnock betonten zum einen, die Arbeitsbeziehungen zu Österreich aufrecht zu erhalten, solange kein nachweisbarer Verstoß gegen EU-Recht vorliege, sowie zum anderen ihr Verständnis für die Kritik an Jörg Haider und seiner Partei (EP-Debatte: 2.2.2000). Nach einer ausführlichen und auch kontroversen Debatte am 2. Februar beschloss das EU-Parlament am 3. Februar mit großer Mehrheit eine gemeinsame Resolution der großen Fraktionen, welche die unterschiedlichen Argumente zusammenführte. Unter eindeutigem Wertebezug folgte das Parlament darin nicht nur der inhaltlichen Kritik der Kommission an der FPÖ, sondern begrüßte auch ausdrücklich die Bereitschaft der Mitgliedstaaten, die europäischen Werte zu verteidigen. Als zusätzlichen Aspekt stellt die Resolution zudem einen expliziten Bezug zur anstehenden Erweiterung und den hohen politischen Anforderungen an die Kandidatenstaaten her. Die EU dürfe von diesen keine Standards verlangen, die nicht auch bereits für Mitgliedstaaten im selben Maße gelten (EP-Resolution: 3.2.2000).

Für *value cohesion* lässt sich somit ein *hoher* Grad der Handlungsfähigkeit feststellen, insofern als dass die von Chirac angestoßene, gemeinsame europäische Front gegen die österreichischen Pläne zur Regierungsbildung aus ÖVP und FPÖ zustande kam und auf dem Konsens beruhte, dass diese gegen die europäischen Verhaltensstandards demokratischer Staaten verstießen (Merlingen et al. 2001: 65). Die unterschiedlichen Aussagen und Beschlüsse von nationalstaatlichen Vertretungen sowie durch die supranationalen Institutionen stellen dabei jeweils einen starken Wertebezug her und begründen ihre Besorgnis um die Einhaltung demokratischer Prinzipien mit der Kritik an den fremdenfeindlichen Positionen der FPÖ und vor allem von Jörg Haider.

4.3.2 Procedural-Tactical Cohesion

Die Kategorie der prozedural-taktischen Kohärenz analysiert die Fähigkeit der EU unterschiedliche Interessenlagen und Positionen ihrer Institutionen und Mitglieder durch Verhandlungsgeschick und Vereinbarungen zu einem gemeinsamen Vorgehen zusammenzubringen. Für den „Fall Österreich" sind dabei unterschiedliche Phasen im chronologischen Ablauf zu unterscheiden: zum einen die Zeit bis zur tatsächlich erfolgten Regierungsvereidigung der ÖVP-FPÖ Koalition am 4. Februar 2000 und dem gleichzeitigen Inkrafttreten der Sanktionen gegen Österreich, zum anderen deren Wirkungsdauer bis zum Aufheben der Sanktionen im September desselben Jahres.

Im ersten Abschnitt lassen sich kaum grundsätzliche Differenzen feststellen. Dies gilt – wenn auch bei durchaus vielschichtigen und unterschiedlichen Interessen der handelnden Akteure – sowohl bei der Beurteilung der Situation als auch in Bezug auf Präferenzen für das politische Vorgehen. Entscheidend war dafür vor allem das Agieren einiger nationalstaatlicher Führungsfiguren. Mit Präsident Jacques Chirac und Bundeskanzler Gerhard Schröder sowie den Premierministern Belgiens und Spaniens, Guy Verhofstadt und Jose-Maria Aznar, hatte sich eine Kerngruppe gebildet, die durch rasches Agieren und entschlossenes Eintreten für ein resolutes Vorgehen die restlichen Staats- und Regierungschefs – insbesondere jene der kleineren EU-Staaten – quasi vor vollendete Tatsachen stellte. Gerade das gemeinsame Handeln von Frankreich und Deutschland, dem hegemonialen Kern der EU, dürfte dafür entscheidend gewesen sein (Sadurski 2010: 16). Die Sanktionsbefürworter(innen) hatten die Diskussion durch den expliziten Wertebezug derart normativ aufgeladen, dass ein Ablehnen der Sanktionen gleichzeitig als Ablehnung gegenüber der Europäischen Integration als demokratisches Projekt wahrgenommen worden wäre. Die Ursachen für das geschlossene und öffentliche Eintreten lassen sich dabei aber mindestens ebenso deutlich aus nationalen Interessen heraus erklären wie aus tatsächlicher Sorge um die europäischen Werte. Merlingen et al. (2001: 61) erkennen darin ein typisches Beispiel eines *two-level-game,* bei dem die nationalstaatlichen Vertreterinnen und Vertreter die Appelle an europäische Normen bewusst für innenpolitische Zwecke instrumentalisierten. So waren die französische und die belgische Regierung durch entschiedenes Eintreten gegen Parteien vom rechten Rand auf europäischer Ebene darauf bedacht, ein starkes Signal an die Wählerinnen und Wähler und gegen die nationalen rechtsradikalen Konkurrenten – wie den Front National in Frankreich – auszusenden, um bei kommenden Wahlen die eigene Macht zu erhalten (ebd.). Auch die deutsche Regierung fürchtete die hohen politischen Kosten einer Nicht-Intervention und sah angesichts von Umfragen mit hohen Zustimmungswerten für FPÖ-Thesen die eigenen Interessen bedroht. Dies schürte die Angst vor einer deutschen Version der Haider-Partei (van der Vleuten/Ribeiro Hoffmann 2010: 744). Zudem bot ein Eintreten für die europäischen Werte für die Rot-Grüne Bundesregierung eine willkommene Möglichkeit zur Differenzierung gegenüber den oppositionellen Unionsparteien. Insbesondere die CSU und der spätere Kanzlerkandidat Edmund Stoiber verurteilten das Eingreifen der EU in nationale Angelegenheiten. Ein weiterer wichtiger Bestandteil der Interessenlage der Staats- und Regierungschefs war der Druck von den einflussreichen Verbündeten USA und Israel, die sie aufforderten, eine FPÖ-Regierungsbeteiligung zu verhindern (van ebd: 743f.).

Die Erklärung der EU-14 durch die portugiesische Ratspräsidentschaft war somit nicht nur der Versuch, die FPÖ weiter zu diskreditieren und die ÖVP bzw. den österreichischen Präsidenten dazu zu verleiten, doch noch von der Koalition Abstand zu nehmen, sondern auch eine Inszenierung für das eigene Image – vor der heimischen Wahlbevölkerung ebenso wie vor internationalen Verbündeten. Trotz eindeutiger rationaler Eigeninteressen der nationalstaatlichen Regierungsvertreterinnen und -vertreter wäre dieser instrumentelle Wertebezug jedoch nicht ohne ein tatsächlich vorhandenes europäisches Wertegerüst möglich gewesen. In jedem Fall war der Schritt der EU-14 ein Novum in der EU-Geschichte und brach mit dem bisherigen Prinzip ihrer ideologischen Neutralität und den gepflegten Verhaltensregeln, keine öffentlichen Äußerungen über Konflikte in einem Mitgliedstaat abzugeben (Merlingen et al. 2001: 71-73). Der von vornherein bilaterale Charakter der Sanktionen spricht auch für eine Einigkeit darüber, dass Artikel 7 EUV in seiner bestehenden Fassung keine rechtliche Handhabe gegen eine bloße Regierungsbeteiligung der FPÖ bot. Konfrontiert mit der einheitlichen Front der Mitgliedstaaten blieb Parlament und Kommission kaum etwas anderes übrig, als mitzugehen bzw. nachzuziehen. Der Parlamentsbeschluss zeugt dabei von hoher Zustimmung für die EU-14 Position. Die vorangegangene Debatte im Parlament zeigte allerdings Differenzen innerhalb der EVP-Fraktion (Fraktion der Europäischen Volkspartei), der auch die ÖVP angehört und die entsprechend ebenso um ein ausgleichendes Moment bemüht war, wie die von den Mitgliedstaaten übergangene Kommission (EP-Debatte: 3.2.2000). Letztere fand ihre eigene nuancierte Position in ihrer Rolle als Hüterin der Verträge, aus der sie die EU-14 Erklärung weder unterstützen noch verurteilen musste. Beide, Kommission und Parlament, forderten bzw. versprachen eine Überwachung der Situation in Österreich (Träbert 2010: 76). Kommissionschef Prodi hielt diese Linie und geriet damit jedoch zunehmend in Distanz zu den EU-14, indem er mehrfach sein Vertrauen in die demokratische Integrität des ÖVP-Kanzlers Wolfgang Schüssel äußerte (Sadurski 2010: 17).

Im zweiten Abschnitt, nach Inkrafttreten der Sanktionen, wuchs rasch die Unzufriedenheit ob ihrer ausbleibenden Wirkung sowie bezüglich ihrer grundsätzlichen Angemessenheit. Dabei wurde deutlich, dass die Vorstellungen innerhalb der EU darüber, was als demokratiegefährdend anzusehen ist und wie stark die EU in nationalen Angelegenheiten mitzureden hat, deutlich uneinheitlicher waren bzw. sind, als es das ursprünglich so einheitliche Auftreten im ausdrückte (Leconte 2005: 621). Die Meinungen gingen sowohl nach Nationalitäten als auch nach Parteifamilienzugehörigkeit auseinander. Es offenbarte sich sowohl in der europäischen Bevölkerung als auch innerhalb der europäischen Parteifamilien eine Links-Rechts Spaltung, wobei Zugehörige der linken Parteien deutlich eher dazu neigten, die Sanktionen zu befürworten. Dies war nicht zuletzt an den ungewöhnlich inhaltlich-kontroversen Debatten zwischen den großen Fraktionen im Europaparlament zu beobachten. Gleichzeitig wurde jedoch deutlich, dass in der Bevölkerung sowie bei Abgeordneten die Nationalität entscheidender für eine Meinung war als die Parteizugehörigkeit. Auch bei den „großen" EU-Staaten zeigten sich Unterschiede. Während in Deutschland ca. 40 Prozent der Bevölkerung die FPÖ als Bedrohung der Demokratie empfanden, galt dies für etwa 2/3 der Bevölkerung in Frankreich, Großbritannien und Spanien (ebd.: 631-633). Besonders evident wird der nationale Einfluss allerdings anhand der Zerrissenheit der EVP-Fraktion. Während etwa die französische UDF oder die spanische PP zeitweise gar für einen Ausschluss der ÖVP argumentierten, wurde die Einmischung der EU in nationale Regierungsbildungen von CDU/CSU oder den nordischen EVP-Parteien generell abgelehnt (Sadurski 2010: 15-17). Auch immer mehr ursprüngliche Sanktionsbefürworterinnen und –befürworter aus den Regierungen der Mitgliedstaaten sahen deren Wirkung zunehmend kritischer. Im April konnte sich Chirac auf einem Treffen des Rates aber noch mit seiner harten Position durchsetzen, die Sanktionen nicht zu lockern. Um dem zunehmenden Eindruck eines zerstrittenen Europa entgegenzutreten, wurde mit dem Ende der portugiesischen Ratspräsidentschaft beschlossen, ein Komitee aus „Drei Weisen"[17] zu beauftragen, Österreichs Regierungspolitik auf die Einhaltung europäischer Werte zu überprüfen (ebd.: 18f.).

Wie lassen sich die zunehmende Uneinigkeit der EU und das rasche Auseinanderbrechen der gemeinsamen Front gegen die ÖVP-FPÖ Koalition erklären? Letztendlich sind dafür dieselben Faktoren verantwortlich zu machen, die ursprünglich die EU-14-Erklärung ermöglichten. Das einseitige Vorgehen ei-

---

[17] Bestehend aus: Martti Ahtisaari, ehemaliger Präsident Finnlands; Jochen Frowein, Vizepräsident der Max-Planck-Gesellschaft; Marcelino Oreja, ehemaliges EU-Kommissionsmitglied (Merlingen et al. 2001: 72).

niger Staatsenlenker hatte zunächst dafür gesorgt, dass die EU-Institutionen und die anderen, weniger von Sanktionen überzeugten EU-Staaten, bei einer Ablehnung der französisch-deutschen Regierungsinitiative hohe soziale Kosten in Form von Reputationsverlust befürchteten. Im weiteren Verlauf drohten jedoch zusätzliche politische Kosten mit dem Aufrechterhalten der Sanktionen zu entstehen, die immer weniger der handelnden Akteure bereit waren zu tragen – inklusive jener, die ursprünglich aus innenpolitischen Motiven heraus die europäischen Werte für ihre Zwecke instrumentalisiert hatten (Merlingen et al. 2001: 72f.). Denn mittlerweile war die Frage der Sanktionen gegen Österreich im öffentlichen Diskurs untrennbar mit grundsätzlichen Fragen der EU-Integration verbunden. Die nun drohenden Kosten bestanden in wachsenden EU-Ressentiments als Folge aus der Propaganda von Jörg Haider und anderen Rechtspopulisten. Doch auch andere Politiker wie der bayerische Ministerpräsident Edmund Stoiber verknüpften den „Fall Österreich" mit einer generellen Kritik am Eingreifen der EU in nationales Hoheitsrecht (Leconte 2005: 638f.) und nicht zuletzt äußerte auch die EU-Kommission ihre Sorgen über das intergouvernementale Agieren der EU-14 außerhalb der eigentlichen EU-Institutionen und sprach Kanzler Schüssel das Vertrauen aus (Merlingen et al. 2001: 67).

Eine weitere Angst der Regierungsvertretungen rührte aus unvorhergesehenen Spillover-Effekten. Die Sanktionen gegen Österreich hatten schnell dazu geführt, dass auch Entwicklungen in anderen Ländern als ähnlich kritisch und sanktionswürdig gesehen wurden. So dachten Kanzler Schröder und der schwedische Regierungschef Göran Persson offen über Sanktionen gegen Italien bzw. Dänemark nach, sollten die dortigen rechtspopulistischen Parteien Teil zukünftiger Regierungen werden (Leconte 2005: 640). Die Furcht vor derartigen Boomerang-Effekten, die das eigene Land oder die eigene Regierung zum Ziel von Sanktionen machen könnten, ließ die Sorgen um die Einhaltung der EU-Werte in Österreich deutlich in den Hintergrund rücken (Sadurski 2010: 16).

Angesichts dieser neuen Gemengelage bot der Auftrag an die „Drei Weisen" nicht nur die Möglichkeit, die Sanktionen aufzuheben, sondern dabei auch das Gesicht zu wahren und das ursprünglich proklamierte Ziel, die Demokratie in Österreich zu schützen, nicht aus dem Auge zu verlieren. Es bestand Einigkeit darin, dass die bereits strapazierte Glaubwürdigkeit der EU nicht weiter durch ein einseitiges Aufheben der Sanktionen durch ein Mitglied der EU-14 beschädigt werden sollte (Merlingen et al. 2001: 73).

Alles in allem zeigte die EU im „Fall Österreich" zwar zunächst einen starken, insgesamt aber einen *mittleren* Grad an Handlungsfähigkeit im Bereich *procedural-tactical cohesion*. Insbesondere dank der Initiative der regionalen Führungsmächte, unter dem externen Druck wichtiger internationaler Partner und als Warnung an die osteuropäischen Kandidatenstaaten wurde das Vorgehen der EU-14 zunächst – zumindest öffentlich – beinahe komplett einheitlich und positiv beurteilt. Auch die Tatsache, dass die supranationalen EU-Institutionen nicht in die Beratungen einbezogen worden und die Sanktionen nicht einmal durch EU-Recht abgesichert waren, tat dem zunächst keinen Abbruch. Dieses Vorgehen verursachte aber die später zu Tage tretenden Differenzen, die die EU-14 an den Rand der öffentlichen Spaltung führten. In Anbetracht der Diskussionen um die Sanktionen, die mittlerweile zu einer Grundsatzdebatte über Richtung und Ziel der europäischen Integration erwachsen waren, ist die letztlich konsensuale Lösung durch den „3-Weisen Bericht" ein beachtlicher Beweis innerer Kompromiss- und Konfliktlösungsfähigkeit auf bisher unbekanntem europäischem Terrain.

4.3.3 Output Cohesion

Output cohesion untersucht die beschlossenen Maßnahmen der EU auf ihre tatsächliche Umsetzung – ohne dabei ihre Wirkungskraft zu beurteilen – und kann somit als Ergebnis aus *value* und *procedural-tactical cohesion* gesehen werden. Im „Fall Österreich" sind als Ergebnisse zum einen die durch die EU-14 verhängten Sanktionen und zum anderen deren Aufhebung auf Basis des Berichts der „Drei-Weisen" zu betrachten. Die Ankündigung der portugiesischen Ratspräsidentschaft drohte Österreich mit Sanktionen durch die EU-14 für den Fall einer Regierungsbeteiligung der FPÖ. Die Sanktionen betrafen die bilateralen Kontakte der EU-Mitglieder mit Österreich und bestanden darin, dass kein offizieller politischer Kontakt zur neuen Regierung in Österreich aufgenommen wurde, österreichische Botschafter in EU Mitgliedsländern lediglich in technischen Angelegenheiten empfangen und österreichische Kandidaturen auf Posten in internationalen Organisationen nicht unterstützt werden sollten (Statement by the Portuguese Presidency of the EU on behalf of 14 Member States: 31.1.2000). Trotz Sanktionsdrohung wurde die ÖVP-FPÖ Koalition am 4. Februar vereidigt und die beispiellosen Sanktionen traten in Kraft. Tatsächlich wurden alle politischen bilateralen Kontakte der EU-14 mit Österreich eingestellt, diplomatische Kontakte mit Botschaftern auf die technische Ebene herabgestuft und mehrere österreichische Kandidaturen in internationalen Organisationen nicht unterstützt. Vertreterinnen und Vertreter Österreichs wurden auf internationaler Ebene zudem isoliert. Deren Reden wurden boykottiert oder EU-14 Vertreterinnen und Vertreter erschienen kollektiv zu spät, „um österreichischen Vertretern nicht die Hand schütteln zu müssen und verließen teilweise den Raum, wenn ein österreichischer Vertreter das Wort ergriff" (Träbert 2010: 77). Dieses Verhalten wurde zwar bereits etwas vor dem offiziellen Aufheben der Sanktionen gelockert, die Sanktionen entfalteten jedoch auch Wirkungen auf Österreichs Wirtschaft, indem EU-Bürgerinnen und Bürger geplante Urlaube im Alpenland stornierten (ebd.: 78). Zwar hielt die EU wie angekündigt den Kontakt zum Mitgliedstaat Österreich, die durch die 14 Mitgliedstaaten kollektiv verkündeten und durchgeführten bilateralen Sanktionen hatten dennoch unzweifelhaft eine europäische Dimension.

Im Juni 2000 beauftragte der Europäische Gerichtshof für Menschenrechte (EGMR) auf Bitte der kurz vor ihrem turnusgemäßen Ende stehenden portugiesischen Ratspräsidentschaft die „Drei Weisen“ mit einem Bericht über die Einhaltung der fundamentalen EU Grundwerte und demokratischen Standards durch die österreichische Regierung (van Hüllen/Börzel 2013: 7). Besonderer Fokus sollte dabei zum einen auf den Rechten von Minderheiten, Flüchtlingen und Menschen mit Migrationshintergrund liegen und zum anderen auf der politischen Entwicklung der FPÖ (EGMR-Pressemitteilung: 29.6.2000). Auf dieses Vorgehen hatten sich die 14 EU-Mitgliedstaaten geeinigt.

Bereits am 8. September veröffentlichte das Trio seinen Bericht. Im ersten Teil kommen die „Drei Weisen“ eindeutig zu dem Schluss, dass die Regierung in Bezug auf die Rechte von Minderheiten, Flüchtlingen und Migranten auf Basis der österreichischen Gesetzeslage handele und diese den Europäischen Werten verpflichtet sei (Ahtisaari/Frowein/Oreja 2000: 16). Der zweite Teil untersucht die politische Entwicklung der FPÖ im Kontext der europäischen Werte. Diese Werte verpflichten laut dem Bericht europäische Regierungen u.a. dazu, gegen jede direkte oder indirekte Form von Fremdenfeindlichkeit und Rassismus sowie gegen jeden Versuch der Trivialisierung oder Normalisierung der nationalsozialistischen Vergangenheit vorzugehen (ebd.: 22). Bezüglich der FPÖ kommen die „Drei Weisen“ zu der Einschätzung, diese sei vor und nach der Regierungsbeteiligung eine „right wing populist party with extremist expressions“ (ebd.: 27). Dabei weisen sie allerdings zum einen auf die starke Rolle des österreichischen Verfassungsgerichts für den Schutz der Demokratie hin, das bisher die FPÖ nicht verboten habe (ebd.: 23). Zum anderen unterscheiden sie zwischen FPÖ-Repräsentantinnen und –repräsentanten und den zu Bundesministerinnen und -ministern ernannten FPÖ-Politikerinnen und Politikern. Letztere hätten seit ihrem Amtsantritt keinen Gebrauch der fragwürdigen Sprache gemacht, die ansonsten auch weiterhin kennzeichnend für die FPÖ sei (ebd.: 23).

Hinsichtlich der EU-14 Sanktionen erkennt der Bericht – ohne dass dies expliziter Teil des Berichtmandats gewesen war (Sadurski 2010: 21) – zweifellos einen positiven Einfluss auf die Bemühungen der Regierung, die europäischen Werte einzuhalten, empfiehlt dennoch deren Aufhebung: „the measures [...], if continued, would become counterproductive and should therefore be ended“ (Ahtisaari/Frowein/Oreja 2000: 33). Letzteres wird durch die negativen Effekte der Sanktionen begründet, die teilweise und fälschlicherweise als Sanktionen gegen österreichische Bürgerinnen und Bürger verstanden worden seien und nationalistische Stimmungen angeheizt hätten. Aus ihrem Bericht ziehen die „Drei Weisen“ den Vorschlag, Artikel 7 EUV mit einem Präventionsmechanismus sowie mit einem permanenten Monitoring aller EU-Staaten zu ergänzen, um ein Vorgehen außerhalb der EU-Verträge wie jenes der EU-14 in ähnlichen Fällen zukünftig unnötig zu machen und derartige Situationen weniger konfrontativ lösen zu können (ebd. 34).

Für *output cohesion* weist die EU im „Fall Österreich" einen *starken* Grad an Handlungsfähigkeit auf. Die gemeinsam beschlossenen Maßnahmen, ob Sanktionen oder Weisen-Bericht, wurden kollektiv umgesetzt und eingehalten. Entsprechend der Berichtsempfehlung der „Drei Weisen" erklärten die 14 EU-Mitglieder am 12. September schließlich in einem Kommunique, dass ihre Maßnahmen nützlich gewesen seien und die Sanktionen damit aufgehoben werden könnten. Die FPÖ sei aufgrund ihrer Identität gleichwohl unvereinbar mit europäischen Normen und ihr Einfluss auf die Regierungspolitik daher weiterhin besonders zu beobachten (Merlingen et al. 2001: 73).

4.4 Opportunity

Während *authority* und *cohesion* gemeinsam die interne Handlungsfähigkeit der EU definieren, entscheiden die Opportunitätsstrukturen, ob der erreichte Grad an EU Handlungsfähigkeit in einem bestimmten Fall auch genügt, um die formulierten Ziele tatsächlich zu erreichen. Dabei ist zum einen Art und Ausmaß der Regelverletzung an sich von Bedeutung, zum anderen gilt es, die situationsspezifische Handlungsfähigkeit des Mitgliedstaates bzw. seiner Regierung gegenüber der EU zu definieren.

4.4.1 Intensity of Violation

Intensity of violation geht davon aus, dass ein Eingreifen der EU wahrscheinlicher wird, je schwerwiegender die Verletzung demokratischer Prinzipien im betroffenen Mitgliedstaat ausfällt, und dass mit steigender Aufmerksamkeit für den konkreten Fall auch der normative Handlungsdruck auf die EU wächst. Im „Fall Österreich" steht dabei außer Frage, dass allein eine mögliche Regierungsbeteiligung der FPÖ die Kriterien des Artikel 7 EUV nach der Amsterdamer Fassung nicht erfüllen konnte, entsprechend wählten die EU-14 den Weg der bilateralen Sanktionen. Inwiefern dieses Vorgehen nicht nur juristisch auf fragwürdigen Beinen stand, sondern auch angesichts der Wertedefinition der EU und der bloßen Tatsache einer ÖVP-FPÖ Koalition politisch zweifelhaft ist, haben sowohl die politischen Debatten während der Sanktionsdauer als auch die wissenschaftlichen Einschätzungen in der Nachbetrachtung gezeigt (Leconte 2005: 644; Träbert 2010: 79; Merlingen et al. 2001: 74). In jedem Fall waren die Reaktionen der EU-14 außergewöhnlich stark und noch dazu von präventivem Charakter, ohne dass irgendwelche konkreten Handlungen der Regierung die auf den Grundsätzen der Freiheit, der Demokratie, der Rechtsstaatlichkeit und des Menschenrechtsschutzes beruhende Ordnung Österreichs bereits verändert hätten (Schmahl 2000: 832).

Im „Fall Österreich" war daher weniger die tatsächliche Schwere der Demokratieverletzung entscheidend als die öffentliche Aufmerksamkeit für die Regierungsbildung, bei der die bis dato auch in der österreichischen Bundespolitik als Pariah behandelte FPÖ nach dem Scheitern der Verhandlungen über eine Fortsetzung der großen Koalition aus der sozialdemokratischen SPÖ und ÖVP plötzlich in den Fokus geriet. Doch wäre dieser Vorgang allein sicherlich weniger kontrovers thematisiert worden, ohne die längst auch europaweit für seine fremdenfeindlichen und nationalistischen Äußerungen bekannte, schillernde Figur des FPÖ-Vorsitzenden Jörg Haider (Sadurski 2010: 12).

In der Kategorie *intensity of violation* bestanden demnach Voraussetzungen für einen *geringen* Grad der Handlungsfähigkeit. Der FPÖ-Rechtspopulismus sowie deren Regierungsbeteiligung mögen zwar starken Anlass für Zweifel an deren Umgang mit demokratischen Prinzipien und ihrer Kompatibilität mit europäischen Werten bieten, ein klarer Verstoß dagegen lag jedoch keineswegs vor (Luther 2000: 439).

4.4.2 Actorness of Member State

Um die Handlungsfähigkeit während der Entstehung der ÖVP-FPÖ Koalition und der Wirkungsdauer der EU-14 Sanktionen zu bestimmen, gilt es zunächst die *domestic actor constellation* zu analysieren und anschließend einen Blick auf eine mögliche Relevanz der *socio-economic situation* zu werfen.

Ausgangspunkt in Österreich bildeten die Nationalratswahlen am 3. Oktober 1999, aus denen die SPÖ mit 33,2 Prozent der Stimmen als stärkste Kraft hervorging. Bemerkenswert war allerdings der Aufstieg der FPÖ, die knapp vor der ÖVP erstmals das zweitbeste Ergebnis aller Parteien erzielte. Nachdem sowohl die Koalitionsverhandlungen zwischen SPÖ und ÖVP als auch der SPÖ-Versuch eine Minderheitsregierung zu bilden gescheitert waren, eröffneten ÖVP und FPÖ am 25. Januar 2000 offizielle Koalitionsverhandlungen. Die vor Kraft strotzende FPÖ besetzte sechs der zehn Ministerposten, während die ÖVP mit Wolfgang Schüssel den Kanzler stellte. ÖVP und FPÖ verfügten im Parlament über eine stabile Mehrheit, gleichzeitig mit der stärksten Parlamentsfraktion in der Opposition aber auch über einen starken Gegenspieler.

Die Sanktionen der EU-14 wurden in der österreichischen Bevölkerung überwiegend kritisch gesehen, wenn auch ein Viertel der Österreicherinnen und Österreicher die Sanktionen gegen die eigene Regierung befürwortete und 40 Prozent Verständnis für die Kritik an der FPÖ zeigten, was eigentlich keine schlechten Voraussetzungen für die EU bedeutet hätte (Leconte 2005: 637). Andererseits aber lehnten selbst unter den SPÖ Wählern knapp 2/3 der Befragten die Sanktionen ab. Entscheidend war aber, dass die Debatte um die Sanktionen mit ihrer fortwährenden Dauer immer stärker mit einer grundsätzlichen Kritik am angeblich zu groß gewordenen EU-Einfluss verknüpft wurde, während gleichzeitig deren Glaubwürdigkeit unter der Norminstrumentalisierung durch die anderen Mitgliedstaaten litt (ebd.: 631; 638f.). Die FPÖ hingegen profitierte von der vermeintlichen Opferrolle und einer zunehmenden

Anti-EU-Stimmung, wie auch der Report der „Drei Weisen" zum Ausdruck brachte (Ahtisaari/Frowein/Oreja 2000: 33). Der Bericht verweist mit dem Verfassungsgericht zudem auf die Kompetenzen eines potentiellen Veto-Spielers, das aber keinen Anlass hatte, tätig zu werden (ebd.: 23).

Doch auch österreichische Akteure waren gegenüber der EU um Beschwichtigung bemüht, um die öffentliche Bloßstellung zu beenden und die eigene – nationale wie persönliche – Reputation wiederherzustellen. So nahm die neue Regierung auf Drängen des österreichischen Bundespräsidenten, Thomas Klestil, eine spezielle Präambel in den Koalitionsvertrag auf, in der sich die Regierung explizit zu den europäischen Normen bekannte. Klestil war es zudem auch, der zwei FPÖ-Ministerkandidaten abgelehnt hatte, bevor er die neue Regierung offiziell vereidigte (Träbert 2010: 77). Haider selbst wurde nicht Teil der Regierung, ob aus Vorsorge, um nicht abgelehnt zu werden oder um nicht in die Regierungsdisziplin eingebunden zu sein. Aus dieser Position heraus machte er bereits im April einen Vorschlag für ein nationales Referendum, in dem die Bevölkerung ihre Meinung über die Sanktionen ausdrücken können sollte. Während Kanzler Schüssel diesen Vorschlag im April noch ablehnte, machte er ihn schon Anfang Juli zu seinem eigenen und ging damit in die Offensive gegen die EU-14, die längst nicht mehr so geschlossen hinter dem Hardliner Chirac standen wie zu Beginn der Sanktionen. Mit dem auf Herbst 2000 terminierten Referendum übte Österreich Zeit- und Handlungsdruck auf die anderen EU-Mitgliedstaaten aus, was auch die rasche Erstellung des Weisenberichts erklärt (Sadurski 2010: 18f).

In Bezug auf die sozio-ökonomische Situation Österreichs lässt sich keine besondere Krisenhaftigkeit der Situation feststellen, die für die EU erleichternde oder erschwerende Bedingungen hätte bedeuten können, auch wenn die Tourismusbranche vorübergehend mit geringeren Buchungszahlen zu kämpfen hatte (Träbert 2010: 78).

Insgesamt sprechen die Opportunitätsstrukturen für eine moderate *Handlungsfähigkeit der österreichischen Regierung* und auch für einen *mittleren* Grad der Handlungsfähigkeit der EU. Erstere konnte sich in der Ablehnung der Sanktionen auf einen relativ breiten Rückhalt in der Bevölkerung stützen, der über die eigene Koalitionsanhängerschaft hinausreichte. Zudem ist bei der Beurteilung der Handlungsfähigkeit Österreichs die zeitliche Dimension zu beachten: Umso länger die Sanktionen andauerten und umso ausgiebiger innerhalb der EU der Streit um die Sanktionen hin und her wogte, desto größer wurde die Handlungsfähigkeit der zu Beginn komplett bloßgestellten und international isolierten österreichischen Regierung.

4.5 Handlungsfähigkeit und Effektivität

Im „Fall Österreich" war nicht nur die juristische Legitimität der bilateralen Sanktionen durch die 14 EU-Mitgliedstaaten höchst umstritten, sondern auch deren politische Wirkungskraft (van Hüllen/Börzel 2013: 13). Um dies genauer beurteilen zu können, haben die vorangegangen Abschnitte die interne Handlungsfähigkeit der EU sowie die gegebenen Opportunitätsstrukturen analysiert (s. Tabelle 1). Im Bereich *authority* zeigt sich dabei für alle drei Kategorien ein mittlerer Grad der EU-Handlungsfähigkeit. *Value definition* macht deutlich, dass sich die EU zwar explizit und offiziell als demokratische Wertegemeinschaft bezeichnete, dieses Selbstbild aber ohne ein gemeinsames Verständnis seiner tieferen Bedeutung auskommen musste. Dafür steht nach anfangs sehr geschlossenem Auftreten und starkem Wertebezug aller Akteure die grundsätzliche Debatte, inwiefern die rechtspopulistischen Positionen einer Regierungspartei wie der FPÖ Sanktionen durch diese Wertegemeinschaft rechtfertigen oder ob dies nur ein weiteres Beispiel für eine zu weit fortgeschrittene und die nationale Identität bedrohende EU-Integration war. An der unterschiedlichen Bewertung der Sanktionen wurde deutlich, dass die EU-Mitgliedstaaten kein gemeinsames Verständnis über die Bedingungen für ein legitimes Eingreifen der EU in nationale Angelegenheiten teilen.

Die mittlere Handlungsfähigkeit in den Bereichen *enforcement structure* und *clarity of competences* war primär theoretischer Natur, da es sich – wie *intensity of violation* zeigt – nicht um einen Fall im Geltungsbereich des Artikel 7 EUV in der Amsterdamer Fassung handelte. Die juristische Debatte wurde daher auch darüber geführt, ob Mitgliedstaaten bilaterale Sanktionsmaßnahmen außerhalb des EU-Regelwerks vornehmen durften bzw. ob dies verhältnismäßig sei. Schmahl (2000: 835) drückt mit seiner Analyse die juristische Mehrheitsmeinung aus, dass ein derartiges Vorgehen mit dem Völkerrecht zwar grundsätzlich vereinbar sei, in diesem Falle die Verhältnismäßigkeit jedoch nicht gewahrt und die EU durch die Isolation eines Mitgliedstaats behindert wurde.

Der Grad der EU-Handlungsfähigkeit in der *cohesion*-Dimension war überwiegend stark. Die Reaktion der EU-14 war sowohl in ihrer Härte beispiellos als auch in der Geschlossenheit – zumindest zu Beginn – bemerkenswert. Dieses Vorgehen der Staats- und Regierungschefs war letztendlich nur möglich durch die Kombination aus innenpolitischen Eigeninteressen einzelner Akteure und externem Druck von Verbündeten wie USA und Israel. Die hohe *value cohesion* zeigt jedoch, dass eine derartige Geschlossenheit ebenfalls nicht möglich gewesen wäre, ohne dass ein europäisches Wertefundament tatsächlich existiert auf dass sich die EU-Staaten bei all ihren unternommen Schritten auch konsistent bezogen. Während einige Autoren darin vor allem ein gemeinsames demokratisches Bewusstsein bei den Regierungen der Mitgliedstaaten ausmachen (von Bogdandy 2000: 1318), sehen andere vor allem das Selbstinteresse machthungriger Politiker als Motivationsgrundlage oder bewerten die Sanktionen schlicht als verfehlt (Träbert 2010: 79). In jedem Fall waren die maßgeblichen Wegbereiter der Sanktionen die Regierungsvertretungen aus Frankreich sowie aus Belgien und Deutschland, die den starken Zulauf rechtsextremer Parteien im eigenen Land bekämpfen wollten oder in der Konfrontation mit der FPÖ eine willkommene Profilierungsmöglichkeit sahen. Ihnen gelang es, durch Appelle an die gemeinsamen europäischen Werte, die weiteren Mitglieder zu überzeugen (Merlingen et al. 2001: 74).

Für den Bereich *procedural-tactical cohesion* gilt zudem, dass angesichts der schließlich deutlicher zu Tage tretenden Uneinigkeit der EU mit dem Bericht der „Drei Weisen" eine für alle gesichtswahrende Lösung gefunden wurde. Kritisch anzumerken ist hier allerdings der intergouvernementale Alleingang, von dem sich insbesondere Kommissionschef Romano Prodis im weiteren Verlauf stärker distanzierte. Zudem kam die Geschlossenheit der EU-14 an ihre Grenzen, als sich abzeichnete, dass ein Aufrechterhalten der Sanktionen mit hohen politischen Kosten verbunden und eines Tages zum Boomerang-Effekt für die eigene Regierungspolitik werden könnte, was ein widersprüchliches Verhältnis der Union zu ihren proklamierten Grundwerten offenbarte (Leconte 2005: 622). Die starke *ouput cohesion* erklärt sich durch die kollektive Umsetzung der beschlossenen Maßnahmen, insbesondere der Sanktionen.

Ob die Kombination aus mittlerer *authority* und starker *cohesion* genug Handlungsfähigkeit für die EU bedeutete, um im Fall Österreich auch effektiv zu sein, hing von den Opportunitätsstrukturen ab. Problematisch für die EU war die geringe *intensity of violation,* die mit fortschreitender Debatte zunehmend zu einem Legitimationsdefizit der EU-14 Maßnahmen beitrug. Dass die EU-14 dennoch überhaupt eingriff, hatte viel mit der kritischen Aufmerksamkeit für die polemischen Provokationen Jörg Haiders zu tun. Die Handlungsfähigkeit der österreichischen Regierung war insgesamt moderat. Im zeitlichen Verlauf der Ereignisse verschoben sich allerdings die Gewichte zwischen EU und Österreich. War die ÖVP-FPÖ Koalition zunächst den Sanktionen der EU-14 mehr oder minder hilflos ausgeliefert, konnte sie sich zunehmend freischwimmen – nicht zuletzt durch das Auseinanderbrechen der gemeinsamen Front der anderen Mitgliedstaaten und die öffentliche Unterstützung für Kanzler Schüssel durch Romano Prodi.

Dennoch sprach die EU-14 in ihrem Kommunique vom Erfolg der Sanktionen, die damit nun aufgehoben werden konnten. Doch wurde das ursprüngliche politische Ziel nicht erreicht. Die FPÖ trat erstmals in die Regierung ein und musste diese auch nicht aufgrund der Sanktionen verlassen. Vielmehr gibt es sogar einige Anhaltspunkte die für einen wachsenden Rückhalt in Österreich für die FPÖ angesichts des politischen Drucks von außen sprechen, der als Eingriff in die nationale Souveränität empfunden wurde. Diese kontraproduktiven Effekte schlugen sich zudem europaweit in wachsendes Unbehagen und Europaskepsis nieder (Sadurski 2010: 17). Somit hätten die Sanktionen gar eine gegenteilige Wirkung erzielt und werden auch im Nachhinein überwiegend als Fehler eingeschätzt; u.a. da mit der wachsenden Angst der Mitgliedstaaten, selbst Opfer solcher Sanktionen zu werden, gleichzeitig die Bereitschaft bei ernsthafter Demokratiegefährdung einzuschreiten und damit die Schwelle der Akzeptanz rechtspopulistischer Positionen in der EU gesunken sind (Leconte 2005: 621f.). Andererseits gibt es Grund zur Annahme, dass die erhöhte Aufmerksamkeit auf die FPÖ immerhin einen mäßigenden Einfluss hatte, da sie es sich nicht erlauben konnte, Angriffsfläche zu bieten. Dafür spricht auch, dass Haider selbst nicht Teil der Regierung wurde. Nicht zu vergessen ist ein weiterer Nebeneffekt, den sich die EU von ihrem dem Vorgehen erhofft hatte: eine klare Warnung an die zukünftigen Mitgliedstaaten, die parallel im Aufnahmeprozess waren, dass die EU ihre Werte ernst nimmt (van Hüllen/Börzel 2013: 14f.).

			Grad der Handlungsfähigkeit		
			Stark	Mittel	Gering
Dimensionen der Handlungsfähigkeit	Authority	*Value Definition*		X	
		Enforcement Structure		X	
		Clarity of Competences		X	
	Cohesion	*Value Cohesion*	X		
		Procedural-tactical Cohesion		X	
		Output Cohesion	X		
	Opportunity	*Intensity of Violation*			X
		Handlungsfähigkeit Mitgliedstaat		X	
Effektivität					X

Tabelle 1 EU-Handlungsfähigkeit im „Fall Österreich"

Dennoch kann die *Effektivität* der EU-Handlungen im Hinblick auf Zielerreichung allenfalls als *gering* bezeichnet werden (Merlingen et al. 2010: 74). In jedem Fall enthielt der „Fall Österreich" die Lehren für die EU, die zur Erweiterung des Sanktionsmechanismus führten. Mit dem Vertrag von Nizza wurde ein Präventionsmechanismus installiert, der es der EU bereits erlaubt vorbeugend angesichts der eindeutigen Gefahr eines ernsthaften Verstoßes gegen die Grundwerte einzuschreiten (Sadurski 2010: 21-25; von Bogdandy 2000: 1309).

5 Untersuchung der Handlungsfähigkeit der EU im Konflikt mit Ungarn

5.1 Entwicklung und Situation in Ungarn

In den Jahren vor und direkt nach dem Zusammenbruch der kommunistischen Regime in Osteuropa war Ungarn ein Vorreiter auf dem schwierigen Weg der wirtschaftlichen und politischen Transformation. Auch wenn dieser Schwung nicht ungebremst anhielt, galt Ungarn zu Beginn des neuen Jahrtausends als Musterbeispiel für einen gelungenen Transformationsprozess mit einer funktionierenden Marktwirtschaft und einer relativ stabilen Demokratie (Pevehouse 2005: 121). Doch Probleme mit dem Rollenwechsel seit dem Erreichen des EU-Beitritts 2004 und die Auswirkungen der Wirtschaftskrise haben diese positiven Vorzeichen umgekehrt. Die hohen Erwartungen, die in Bezug auf wirtschaftliche Entwicklung und Wohlstand an die Demokratie und Mitgliedschaft in der EU geknüpft wurden, konnten nicht erfüllt werden. Dies zeigt sich exemplarisch an Ungarns geringer Erwerbstätigenquote von knapp über 50 Prozent, die eine gravierende soziale Spaltung der Gesellschaft als Folge des Transformationsprozesses offenbart (BTI 2012). Sozialistisch geführte Regierungen hatten mit der Krise zu kämpfen, wurden aber u.a. wegen der seit 2006 verfolgten Austeritätspolitik gegen das hohe staatliche Defizit und der damit verbundenen sozialen Einschnitte sowie zahlreichen Korruptionsfällen und Skandalen in den Parlamentswahlen im Mai 2010 von den Wählern abgestraft (Batory 2010: 2; Spengler/Bauer 2014: 4; für einen chronologischen Überblick der Ereignisse in Ungarn s. Anhang II). Die Unzufriedenheit über die soziale Lage und die Enttäuschung über die Sozialistische Partei (MSZP) mündeten in einen Erdrutsch-Sieg der Mitte-Rechts Partei Fidesz. Deren Parteichef Victor Orbán wurde daraufhin nach seiner Amtszeit von 1998 bis 2002 erneut zum Premierminister gewählt.

Kritiker aus dem In- und Ausland werfen Orbán seitdem vor, die politische Architektur Ungarns für die langfristige Sicherung der eigenen Macht grundlegend zu verändern und dabei demokratische Prinzipien zu verletzen sowie Grundrechte außer Kraft zu setzen. Die Zwei-Drittel-Mehrheit für Fidesz im Parlament ermöglicht der Regierung damit nicht nur, Gesetze in einem enormen Tempo zu verabschieden, sondern auch Verfassungsänderungen ohne Stimmen der Opposition zu beschließen (Bozoki 2012). Erster auch international beachteter Konfliktpunkt war dabei ein neues Mediengesetz (Dezember 2010), das Ungarn nicht zuletzt besonders in den Fokus rückte, da es im ersten Halbjahr 2011 erstmals die europäische Ratspräsidentschaft übernahm. Im Dezember 2011 folgte eine Reform des Wahlgesetzes. Besondere Aufmerksamkeit und vehemente Kritik erhielt jedoch vor allem die Anfang 2012 in Kraft getretene neue Verfassung (Ludwig-Tils 2011: 15f.). Für zusätzliche Empörung und Besorgnis sorgten seitdem mehrere erneute Änderungen an der noch jungen Verfassung, die u.a. eine weitergehende Beschneidung der ohnehin bereits deutlich eingeschränkten Befugnisse des nationalen Verfassungsgerichts bedeuten (März 2013). Aller internationaler Kritik und mehrerer nationaler Protestwellen zum Trotz konnte Fidesz im April 2014 bei den nationalen Parlamentswahlen die Zwei-Drittel-Mehrheit knapp behaupten und auch bei den Europawahlen gut einen Monat später den Sieg davontragen (Scheppelle 2013: 561).

Die an Orbáns Regierung adressierten Vorwürfe berühren das Fundament der europäischen Werte. Als Gefahrenquellen für diese Werte sind im Falle Ungarns eine die staatlichen Strukturen verändernde Gesetzgebung, die problematische Menschenrechtssituation ethnischer Minderheiten wie der Sinti und Roma oder ein wachsender Antisemitismus zu nennen, der selbst von einigen Fidesz-Vertreterinnen und Vertretern offen präsentiert wird (Bozoki 2012). Vertreterinnen und Vertreter der EU und der EU Mitgliedstaaten haben Ungarns Regierung unterschiedlich deutlich kritisiert. Die Situation in Ungarn war mehrfach Debattenthema im Europäischen Parlament, zweimal war sogar Premierminister Orbán selbst zugegen. Nach mehreren Vermittlungsversuchen mit unterschiedlichem Erfolg sah sich die Europäische Kommission im Januar 2012 gezwungen, rechtliche Maßnahmen nach Artikel 258 AEUV einzuleiten, und verklagte Ungarn wegen Verletzung der EU-Verträge vor dem Europäischen Gerichtshof (EuGH). Mit beiden Urteilen, sowohl im Fall des Renteneintrittsalter von Richtern (EuGH: 6.11.2012) als auch in der Frage über den nationalen Datenschutzbeauftragten (EuGH: 8.4.2014) erhielt die Kommission dabei Recht.

Ein weiteres Vertragsverletzungsverfahren über die Unabhängigkeit der ungarischen Zentralbank war bereits im Juli 2012 eingestellt worden, nachdem sich Ungarn einsichtig gezeigt hatte. Bei der Suche nach Gründen für Ungarns partielles Einlenken wird deutlich, dass es im gestörten Verhältnis zwischen der EU und Ungarn nicht nur eine politische, sondern auch eine ökonomische Dimension der Krise gibt. Ungarn ist hoch verschuldet. Die Verhandlungen mit dem Internationalen Währungsfond über weitere Notkredite – 2010 von Orbán zunächst auf Eis gelegt – wurden zwar zunächst wieder aufgenommen, die Gelder dann aber bereits 2013 vollständig zurückgezahlt. Das seit Ungarns EU-Beitritt bestehende Verfahren wegen eines übermäßigen Defizits wurde im Juni 2013 erstmals aufgehoben (Rat: 18.6.2013).

5.2 Authority

In die Zeitspanne zwischen dem „Fall Österreich“ und dem Konflikt zwischen der EU und Ungarn, der kurz nach der Wahl Victor Orbáns 2010 begann, fallen mit der größten Erweiterungsrunde der EU-Geschichte sowie den Verträgen von Nizza (2001) und vor allem dem 2009 in Kraft getretenen Vertrag von Lissabon weitere entscheidende Wegmarken der europäischen Integration. Die Neufassung des EU-Vertrags als Vertrag von Lissabon und die damit einhergehende Überführung des EGV in einen Vertrag über die Arbeitsweise der Europäischen Union (AEUV) bedeuteten zahlreiche Neuerungen, die sich auch auf die juristischen Kompetenzen und Instrumente der EU in möglichen Fällen von Demokratieverletzungen ausgewirkt haben.

5.2.1 Value Definition

Während die Struktur der Europäischen Union durch den Vertrag von Lissabon erheblich verändert wurde, blieb die normative Grundlage der Gemeinschaft in der Sache weitestgehend unverändert. Allerdings sind für den Aspekt der Wertedefinition einige Umformulierungen, Umstellungen und Ergänzungen im EU-Vertrag zu beachten. Zudem wurde die Grundlage für die Definition der gemeinsamen Werte durch zusätzliche Dokumente erweitert und erläutert. Der dem Vertrag von Lissabon vorausgegangene und letztendlich gescheiterte europäische Verfassungsentwurf ist auch als „Wertefeuerwerk" (Calliess 2004: 1037) bezeichnet worden. Die damit verbundene Absicht, nicht nur als Wirtschaftsunion, sondern stärker als Wertegemeinschaft zu fungieren, hat sich allerdings zumindest in der Sprache der neuen Vertragsversion niedergeschlagen. So wird bereits in der Präambel als erster Erwägungsgrund für die Weiterentwicklung der europäischen Integration – noch vor der historischen Bedeutung der überwundenen Teilung des Kontinents – die herausragende Stellung der Grundwerte betont:

> „SCHÖPFEND aus dem kulturellen, religiösen und humanistischen Erbe Europas, aus dem sich die unverletzlichen und unveräußerlichen Rechte des Menschen sowie Freiheit, Demokratie, Gleichheit und Rechtsstaatlichkeit als universelle Werte entwickelt haben..."

Auch im Weiteren werden die vorher als Grundsätze bezeichneten Prinzipien im Vertrag von Lissabon nunmehr als Werte benannt und finden sich bereits in Artikel 2 (vorher Artikel 6).[18] Mit dieser symbolischen Aufwertung unterstreicht die EU ihr Selbstverständnis als Wertegemeinschaft noch einmal zusätzlich. Artikel 2 EUV lautet nun:

> „Die Werte, auf die sich die Union gründet, sind die Achtung der Menschenwürde, Freiheit, Demokratie, Gleichheit, Rechtsstaatlichkeit und die Wahrung der Menschenrechte einschließlich der Rechte der Personen, die Minderheiten angehören. Diese Werte sind allen Mitgliedstaaten in einer Gesellschaft gemeinsam, die sich durch Pluralismus, Nichtdiskriminierung, Toleranz, Gerechtigkeit, Solidarität und die Gleichheit von Frauen und Männern auszeichnet."

---

18 Nach juristischer Auffassung sind „Grundsätze" sowie „Grundwerte" als Sollensbekundung und damit Pflichtnormierung zu verstehen. Die Umformulierung bedeutet somit keine Abschwächung (Träbert 2010: 405). Der EU-Vertrag scheint nicht zwischen Grundsätzen oder Werten zu differenzieren, so wird allein in der Präambel Demokratie einmal als „universeller Wert" und einmal als „Grundsatz" bezeichnet.

Explizit neu in den Kanon der Grundwerte aufgenommen, und damit besonders hervorgehoben, werden im Vergleich zu früheren Vertragsversionen die Menschenwürde, die Gleichheit und der Minderheitenschutz. Außerdem beschreibt die ebenfalls hinzugekommene Aufzählung einiger zentraler Eigenschaften wie die Gleichstellung der Geschlechter etwas näher, wie sich das gemeinsame Selbstverständnis als Wertegemeinschaft in europäischen Gesellschaften äußern soll. Die einzelnen Aspekte sind keine Ergänzungen, sondern ergeben sich jeweils aus den Grundwerten, so wären Diskriminierungen unvereinbar mit der Menschenwürde und so ist die Gleichstellung der Geschlechter ein – offensichtlich sehr zentraler -- Aspekt der Gleichheit. Auffällig ist dabei die gleichzeitige Betonung individueller wie kollektiver Komponenten – also von Pluralismus einerseits und von Gleichheit andererseits – als Wesensmerkmale liberaler Demokratien, die sowohl persönliche Freiheiten gewähren als auch soziale Verantwortung für alle übernehmen müssen. Dieser Anspruch findet sich u.a. bereits in den Arbeiten der Reflexionsgruppe zur Vorbereitung des Vertrags von Amsterdam, die ihre Überlegungen ebenfalls in der Motivation anstellte, „dass die Union, ebenso wie die Demokratie, auf der sie beruht, ihre Kraft in der Erhaltung und Harmonie ihrer Vielfalt finden" (Bericht der Reflexionsgruppe 1995: Übermittlungsschreiben). Durch Artikel 2 werden die ideellen Inhalte dieses Wertekatalogs zum rechtlichen Fundament der EU: „Diese Werte binden die Union bei ihrem Handeln nach innen wie nach außen und bilden den Maßstab allen Handelns der Union; zugleich sind auch die Mitgliedstaaten an diese Werte gebunden (Klamt 2012: 302)." Die Einhaltung und konsequente Aufrechterhaltung dieser „Verfassungsprinzipien" sind folglich elementare Voraussetzungen für den Beitritt wie für den Fortbestand der Mitgliedschaft (ebd.: 303).

Die Vertragsänderungen bedeuten in dieser Hinsicht keine Veränderungen des Geltungs- oder Schutzbereichs der Werte. Sie sind in erster Linie als inhaltliche Akzentsetzungen zu verstehen – im Hinblick auf die Grundwerte im Allgemeinen wie auch durch die explizite Betonung der Menschenwürde und des Gleichheitsaspekts im Besonderen (Träbert 2010: 407f.). Wie das Demokratiegebot über den bereits formulierten „Mindeststandard" (s. Kap. 4.1.1) hinaus zu verstehen ist, bleibt auch mit dem Vertrag von Lissabon relativ unklar. Offensichtlich hat die Union dabei „die Strukturmerkmale eines freiheitlichen Verfassungsstaats westlicher Prägung" (Calliess 2007: Art. 6 EUV, Rn. 8) vor Augen, dessen institutionelles Gleichgewicht auf gegenseitiger Kontrolle und dem gemeinsamen Wertekatalog beruht. Die einzelnen Grundwerte wie Rechtsstaatlichkeit, Menschenrechte und Demokratie sind dabei nicht trennscharf voneinander abzugrenzen, sondern bedingen einander. Ein Werteverstoß wie die Verletzung rechtsstaatlicher Prinzipien führt zwangsläufig zu Verstößen anderer Werte sowie des Wertefundaments an sich (Klamt 2012: 306).

Eine wesentliche Neuerung ist jedoch die EU-Grundrechte-Charta. Diese war zwar schon im Vertrag von Nizza integriert, wurde aber erst mit dem Vertrag von Lissabon rechtskräftig, wie auch der eindeutige Hinweis in Artikel 6 Absatz 1 EUV deutlich macht. In 54 Artikeln behandelt die Charta die Aspekte Würde des Menschen, Freiheiten, Gleichheit, Solidarität, Bürgerrechte und justizielle Rechte. Die Charta stellt damit insbesondere in Hinblick auf die Definition der im EU-Vertrag allem vorangestellten Menschenwürde eine detailliertere und breitere Grundlage dar. So präzisiert Artikel 21 der Charta den Aspekt der Nichtdiskriminierung.[19] Für den Konflikt mit Ungarn sind aus Sicht der EU besonders relevant etwa Artikel 11 zur Freiheit der Meinungsäußerung und Freiheit der Medien oder auch Artikel 13 zur Freiheit der Kunst und der Wissenschaft. Inwiefern er jedoch tatsächlich auch einen Referenzrahmen für Urteile des Europäischen Gerichtshof bilden kann oder der EU dient, um Sanktionen auch unter Artikel 7 für die Verletzung demokratischer Standards auszusprechen, ist noch offen (van Hüllen/Börzel 2013: 15). Einschränkend muss hinzugefügt werden, dass die Charta für die Mitgliedstaaten nur bei der Umsetzung des Unionsrechts gilt und den Zuständigkeitsbereich der Union nicht weiter ausdehnt (Art. 51).

Ergänzend zu den Voraussetzungen für eine Mitgliedschaft in der EU nach Artikel 49 (EUV) und der Achtung der Grundsätze aus Artikel 2 (EUV) wurden 1993 die Kopenhagener Kriterien in Antizipation der angestrebten Osterweiterung als Voraussetzungen für zukünftige Beitritte verabschiedet. Die Erfüllung des politischen Kriteriums mit den vier Grundelementen Demokratie, Rechtsstaatlichkeit, Menschenrechte sowie Anerkennung und Schutz von Minderheiten war dabei die Voraussetzung für weitere Beitrittsverhandlungen. Als eines der Länder, die in der Erweiterungsrunde von 2004 der Union beigetreten ist, galten diese Kriterien auch für Ungarns Aufnahmeprozess. Ein Blick in die Kopenhagen-Dokumente lohnt daher, um die Anforderungen der EU im Bereich ihrer Grundwerte bei neuen Mitgliedstaaten näher zu untersuchen – ungeachtet der grundsätzlichen Kritik an der unbefriedigenden Präzision und Ausführlichkeit des politischen Kriteriums sowie der Kluft zwischen ihrer proklamierten Bedeutung und ihres faktischen Stellenwerts im Aufnahmeprozess (s. Kap. 2.1.1). Die jährlichen Berichte, Stellungnahmen und Gesamtdokumente der Kommission machen deutlich, dass die Unterteilung in vier Aspekte des politischen Kriteriums nicht eingehalten wurde. Eine Konstante der wechselnden Struktur ist jedoch die Unterscheidung zwischen Menschenrechten und Minderheitenschutz einerseits sowie Demokratie und

19 Artikel 21 der Grundrechte-Charta lautet: „Diskriminierungen insbesondere wegen des Geschlechts, der Rasse, der Hautfarbe, der ethnischen oder sozialen Herkunft, der genetischen Merkmale, der Sprache, der Religion oder der Weltanschauung, der politischen oder sonstigen Anschauung, der Zugehörigkeit zu einer nationalen Minderheit, des Vermögens, der Geburt, einer Behinderung, des Alters oder der sexuellen Ausrichtung sind verboten.“

Rechtsstaatlichkeit andererseits. Während dem Minderheitenschutz in den Beitrittskandidatenstaaten gerade in den 90er Jahren besondere Aufmerksamkeit zuteilwurde und die Kommission auf diesem Feld starken Druck ausgeübt hat, da die multiethnischen Gesellschaften in Mittel- und Osteuropa sicherlich zu Recht als eine Gefahr großer Konflikte und Menschenrechtsprobleme identifiziert wurden (Vachudova 2005: 121f.), gilt die Aufmerksamkeit im Folgenden dem kombinierten Subkriterium aus Demokratie und Rechtsstaatlichkeit. Dieses wiederum wird in den regelmäßigen Berichten meist in vier Aspekte unterteilt, anhand derer die Fortschritte in den Kandidatenstaaten beurteilt wurden:

1. Die Arbeitsweise der Legislative: In Bezug auf das nationale Parlament lassen sich der Respekt für das Parlament durch eine wichtige Rolle im Gesetzgebungsprozess, Respekt der Opposition durch den Einbezug in parlamentarische Ausschüsse und deren Leitung (Slovak Report 1998: 8) sowie eine hohe Transparenz des Gesetzgebungsprozesses für die Öffentlichkeit als entscheidende Aspekte erkennen (Romanian Report 2002: 22). Eine fehlende parlamentarische Repräsentanz von Minderheiten und die Ignoranz durch das Parlament gegenüber einem entsprechenden Verfassungsgerichtsurteil war ebenfalls ein wiederkehrender Kritikpunkt (z.B.: Hungary Report 2001: 15).
2. Die Arbeitsweise der Exekutive: Die ideale Exekutive arbeitet demnach effektiv, professionell, verantwortlich, ist offen für Beratung und Koordination mit den betreffenden Teilen der Zivilgesellschaft, gut reguliert sowie vollständig demilitarisiert. Zudem existiert eine klare Trennung zwischen Beamtenlaufbahnen und politisch Beauftragten (Kochenov 2004: 18f.).
3. Die Arbeitsweise der Judikative: Die wichtigsten Anforderungen an eine funktionierende Judikative sind deren Unabhängigkeit, gut ausgebildete, gut bezahlte, effektive Richter und ein gut zugängliches Justizwesen für die Bevölkerung (ebd.: 21; Hungarian Report 1999: 12).
4. Die Bekämpfung der Korruption: Der Kampf gegen Korruption war ein wichtiges Querschnittsthema. Die Länder wurden auf ihre eigenen laufenden Anti-Korruptionsprogramme und auf die Mitarbeit in internationalen Arbeitsgruppen sowie die Ratifizierung internationaler Abkommen überprüft (Kochenov 2004: 22).

Freie und faire Wahlen waren im Gegensatz zu den genannten vier Aspekten kein eigenständiges Berichtskapitel, erhalten als greifbarster Ausdruck demokratischer Prozesse allerdings vergleichsweise viel Aufmerksamkeit in den Berichten (z.B. Hungary Report 1998: 8; Hungary Report 2002: 19f.). Generell lässt sich für die politischen Kriterien festhalten, dass die Ansprüche in der Theorie bereits sehr niedrig gesetzt waren, indem Demokratie und Rechtsstaatlichkeit derart reduziert wurden. Der Maßstab der Kommission bei der

Bewertung dieser Aspekte war jedoch noch geringer und häufig wenig nachvollziehbar (Maresceau 2003: 34). Ein glaubhaft vermittelter Wille zur Verbesserung in Richtung des von der EU formulierten Ideals schien wichtiger als tatsächliche Ergebnisse. Für das Idealbild der Demokratie aus Sicht der EU lässt sich aus ihren Schwerpunktsetzungen immerhin auf einen hohen Stellenwert einer gut austarierten Gewaltenteilung schließen (Kochenov 2004: 14, 24).

Für den Aspekt der *Wertedefinition* auf Basis des Lissabon-Vertrags inklusive der Grundrechtecharta sowie der Kopenhagen-Kriterien lässt sich für die EU zum Zeitpunkt des Konflikts mit Ungarn ein *mittlerer* Grad der Handlungsfähigkeit feststellen, was eine leichte Steigerung gegenüber der Konfrontation mit Österreich bedeutet. Die zentrale Bedeutung von Demokratie als universeller Wert der Europäischen Union wird durch den Vertrag von Lissabon noch einmal zusätzlich betont und die Neuformulierungen und Ergänzungen tragen zur Konkretisierung bei (Träbert 2010: 410). Eine echte Errungenschaft ist die Grundrechtecharta. Dank ihr werden einzelne Bestandteile des Grundwertekatalogs etwas näher bestimmt, auch wenn die Charta noch immer zwangsläufig abstrakt bleibt. Deutlich konkreter – ungeachtet der Art und Weise ihrer offensichtlich geringen Bedeutung im Beitrittsprozess – sind die Anforderungen des politischen Bestandteils der Kopenhagen-Kriterien. Allerdings zeichnen hierbei selbst die von der Kommission formulierten Ideale ein unterkomplexes Bild eines normativ anspruchsvollen demokratischen Systems.

5.2.2 Enforcement Structure

Die Vertragsänderungen betreffen auch die Stärke des Interventionsmechanismus. Als Konsequenz aus dem „Fall Österreich" hat die EU bereits mit dem Vertrag von Nizza reagiert und ihren Interventionsmechanismus durch einen Frühwarn- oder Präventionsmechanismus ergänzt. Dieser war u.a. durch den Bericht der „drei Weisen" empfohlen worden, „so that a situation similar to the current situation in Austria would be dealt with within the EU from the very start" (Ahtisaari/Frowein/Oreja 2000: 34).

Der Frühwarnmechanismus, der als Artikel 7 Absatz 1 EUV Eingang in den Vertrag von Nizza fand und in leicht umformulierter Version auch im Vertrag von Lissabon steht, versetzt die EU in die Lage, bereits bei Bestehen der „eindeutigen Gefahr einer schwerwiegenden Verletzung der in Artikel 2 genannten Werte durch einen Mitgliedstaat" (Art. 7 Abs. 1 EUV) vorbeugend tätig zu werden. Der Präventionsmechanismus kann auf begründeten Vorschlag durch ein Drittel der Mitgliedstaaten, durch die Kommission oder auch durch das Europäische Parlament ausgelöst werden. Der Feststellungsbeschluss über das tatsächliche Bestehen einer „eindeutigen Gefahr" obliegt jedoch dem Rat. Für einen solchen Beschluss sind dafür eine „Mehrheit von vier Fünfteln seiner Mitglieder" (ebd.) sowie die Zustimmung des Parlaments nötig, sofern es nicht bereits das Verfahren an sich initiiert hat. Zudem muss der Rat vorher den betroffenen Mitgliedstaat angehört haben und nach Beschlussfassung kontinuierlich überprüfen, ob die ursächlichen Gründe im Mitgliedstaat fortbestehen oder nicht. Die Handlungsmöglichkeit des Rates gegenüber dem betroffenen Mitgliedstaat besteht nach einem derart erfolgten Feststellungsbeschluss darin, Empfehlungen an diesen auszusprechen, wie die bestehende Gefahr für die Grundwerte zu beseitigen ist. Auch für den Beschluss über den Inhalt der Empfehlungen bedarf es einer vier Fünftel Mehrheit im Rat. Für den Frühwarnmechanismus ist die Zusammensetzung als Ministerrat ausreichend, es bedarf demnach nicht zwingend eines Beschlusses im Europäischen Rat, also dem Gremium der Staats- und Regierungschefs (Träbert 2010: 423).

Anders als die Strafen des Sanktionsmechanismus in Artikel 7 Absatz 2 EUV sieht der Präventionsmechanismus keine direkten Sanktionen vor, sondern allein die Option, Empfehlungen auszusprechen. Dabei ist zum einen davon auszugehen, dass allein die Bloßstellung durch die Einleitung eines Verfahrens nach Artikel 7 und die erfolgte Beschlussfassung über eine eindeutige Gefahr eines Grundwerteverstoßes erheblichen Druck auf die Regierung des betroffenen Mitgliedstaats ausüben und eventuell ausreichen kann, um das Verhalten des Mitgliedstaats zu ändern (ebd.: 414). Zum anderen sprechen die Möglichkeit, Empfehlungen abzugeben, sowie die vorgeschriebene direkte Anhörung des Mitgliedstaats für einen deeskalierenden Charakter des Präventionsmechanismus. So war es erklärte Absicht der „drei Weisen", dass ein solcher Mechanismus helfen sollte, von Beginn an in einen offenen und nicht-konfrontativen Dialog zu treten (Ahtisaari/Frowein/Oreja 2000: 34). Damit erklären sich sowohl die Existenz des Präventionsmechanismus als auch seine inhaltliche Stoßrichtung aus der Absicht, Konflikte zwischen und innerhalb der EU-Institutionen und Mitgliedstaaten wie im Fall Österreich ebenso zu vermeiden oder zumindest einzudämmen wie Alleingänge von Mitgliedstaaten außerhalb der EU-Institutionen. Der Präventionsmechanismus soll dazu dienen, eine zwar noch straffreie, aber gleichwohl scharfe Warnung an den betroffenen Mitgliedstaat zu schicken (Europäische Kommission 2003: 8).

Des Weiteren finden sich neben der Ergänzung des Präventionsmechanismus in Absatz 1 lediglich redaktionelle Änderungen in Artikel 7 im Vergleich zur Fassung von Amsterdam, die sich meistens direkt aus den Vertragsänderungen ergeben. So werden etwa Bezüge auf die Grundsätze aus Artikel 6 zu Bezügen auf die Werte aus Artikel 2. Der eigentliche Sanktionsmechanismus steht nunmehr in den Absätzen 2-4 von Artikel 7. Weiterhin muss dabei der Europäische Rat, auf Vorschlag eines Drittels der Mitgliedstaaten oder der Europäischen Kommission und nach Zustimmung des Europäischen Parlaments einstimmig feststellen, dass eine schwerwiegende und anhaltende Verletzung der Grundwerte aus Artikel 2 durch einen Mitgliedstaat vorliegt, nachdem er den betroffenen Mitgliedstaat zu einer Stellungnahme aufgefordert hat.

Erst nach diesem Feststellungsbeschluss kann der eigentliche Sanktionsbeschluss durch eine qualifizierte Mehrheit im Rat erfolgen, der bestimmte Rechte des betroffenen Mitgliedstaats – bis hin zum Stimmrecht – vorübergehend aussetzt bis der Rat mit demselben Verfahren die Sanktionen verändert oder wieder aufhebt, „wenn in der Lage, die zur Verhängung dieser Maßnahmen geführt hat, Änderungen eingetreten sind“ (Art. 7 Abs. 4 EUV). Interessanterweise ist für den Rat bei der Verabschiedung der eigentlichen Sanktionen und ihrer Aufhebung eine qualifizierte Mehrheit ausreichend und die Zusammensetzung nicht zwingend als Treffen der Staats- und Regierungschefs vorgeschrieben (Klamt 2012: 319). Absatz 5 schließlich regelt unter Verweis auf Artikel 354 AEUV die Abstimmungsmodalitäten – sofern nicht bereits in Artikel 7 selbst explizit genannt –für das Europäische Parlament, den Europäischen Rat und den Rat.

Auch bezüglich der Sanktionshärte gibt es keine Änderungen zu vorherigen Vertragsversionen. Die Maximalstrafe bleibt der Stimmrechtsentzug, wobei bei fortdauernder Grundwerteverletzung in einem derartigen Ausmaß auch ein tatsächlicher Wille zur EU-Mitgliedschaft im betroffenen Staat wohl kaum mehr gegeben sein wird und die EU im Zweifelsfall auch auf das Völkerrecht zurückgreifen könnte, um einen Ausschluss zu erzwingen. Ein realistischeres und gleichzeitig beachtliches Drohpotential geht aber aus den in Artikel 7 enthaltenen Möglichkeiten hervor, die neben dem Stimmrechtsentzug auch den Verlust weiterer Mitgliedsrechte vorsehen (s. Kap. 4.2.2). Dies umfasst auch in der Lissabonner Version alle Vorteile des Unionsrechts und kann den Mitgliedstaat damit auch finanziell treffen.

Eine entscheidende Stärke von Artikel 7 ist zudem sein umfassender Geltungsbereich. Im Gegensatz etwa zur Grundrechtecharta ist diese stärkste Waffe der Union nicht auf die Durchführung des Unionsrechts beschränkt, betrifft demnach nicht nur mitgliedstaatliches Verhalten, das einen oder mehrere Grundwerte innerhalb des Unionsrechts bedroht oder verletzt. Schließlich sind systemische Verstöße gegen Grundwerte in allen Feldern mitgliedstaatlichen Handelns denkbar (von Bogdandy/Ioannidis 2014: 293). Damit können auch Handlungen des Mitgliedstaats, die in Bereichen stattfinden, die sich weiterhin im mitgliedstaatlichen Hoheitsgebiet befinden, „eine Verletzung der Homogenitätsgrundsätze [...] darstellen, weil diese Vorschrift einen grundlegenden europäischen Wertekatalog aufstellt“ (Schmahl 2000: 823). Diese Auslegung wird auch von der EU selbst geteilt und bekräftigt. Die Kommission erklärt dies in ihrer Mitteilung an den Rat und das Europäische Parlament zu Artikel 7 des Vertrags über die Europäische Union mit dem Untertitel „Wahrung und Förderung der Grundwerte der Europäischen Union“:

> „Es wäre in der Tat paradox, die Handlungsmöglichkeiten der Union auf den Anwendungsbereich des EU-Rechts zu beschränken und

zuzulassen, dass die Union etwaige schwerwiegende Verletzungen in den Zuständigkeitsbereichen der Mitgliedstaaten ignoriert. Dies gilt umso mehr, als die Gefahr besteht, dass die Grundlagen der Union und das Vertrauen unter den Mitgliedstaaten erschüttert werden, wenn ein Mitgliedstaat die Grundwerte in so schwerwiegendem Maße verletzt, dass die Voraussetzungen für eine Anwendung von Artikel 7 erfüllt sind, und zwar ungeachtet des Bereichs, in dem diese Verletzungen erfolgen."

Die Höhe der Strafe und der große Geltungsbereich tragen somit zu einem hohen Abschreckungspotential bei, indem dem angeprangerten Mitgliedstaat durch öffentliche Bloßstellung und politischen Reputationsverlust sowie durch finanzielle Einbußen oder Strafen empfindliche Kosten entstehen können. Während die materiellen Kosten für die EU dabei unerheblich sein dürften, muss einschränkend und mit Verweis auf das Verhalten der Mitgliedstaaten im „Fall Österreich" darauf hingewiesen werden, dass die politischen Kosten eines Eingreifens in mitgliedstaatliche Souveränität für die EU Ausmaße annehmen können, die viele nicht gewillt waren, länger zu tragen (Merlingen et al. 2001: 74). Die tatsächliche Glaubwürdigkeit der Sanktionsdrohung ist damit nicht durch den Interventionsmechanismus abgedeckt, sondern hängt am politischen Auftreten der Mitgliedstaaten und ihrer Bereitschaft, ihre schärfste Waffe auch einzusetzen.

Die EU ist weder die einzige noch die erste regionale Organisation mit einer Demokratieklausel und einem Interventionsmechanismus. Vielmehr hat es die EU aufgrund ihres Selbstverständnisses als Werteunion lange Zeit nicht für nötig erachtet, sich dieses Instrument anzugeignen. Mittlerweile ist der Sanktionsmechanismus nach Artikel 7 im Vergleich zu Demokratieklauseln anderer internationaler Regionalorganisationen aber in zweierlei Hinsicht spezifisch. Ihn kennzeichnet laut van Hüllen und Börzel (2013: 18) zwar einer großer Geltungsbereich aber ein schwaches institutionelles Design. Während die Demokratieklauseln anderer regionaler Organisationen vor allem die Gefahr eines Coups d'Etat, regionale Sicherheitsgefährdung oder massive Menschenrechtsverletzungen im Blick haben, umfasst der breite Schutzbereich von Artikel 7 den kompletten Wertekatalog der EU. Die relative institutionelle Schwäche machen die Autoren vor allem an den limitierten Sanktionsdrohungen fest. Ähnlich wie bei Strafkatalogen anderer Organisationen besteht zwar die Möglichkeit der Suspendierung der Mitgliedschaftsrechte, härtere Sanktionen wie Ausschluss (Europarat) oder gar militärisches Eingreifen sind für die EU jedoch keine Option (ebd.). Allerdings ist dies für die aktuelle politische Realität innerhalb der Europäischen Union äußerst unwahrscheinlich. Vielmehr drücken sich im Festhalten an der Mitgliedschaft auch die feste Überzeugung der Unumkehrbarkeit der Europäischen Integration und das gefestigte Selbstverständnis als Wertegemeinschaft aus.

Nicht zuletzt aufgrund dieser Überzeugung werden in der EU angesichts sich häufender Konflikte mit Mitgliedstaaten um Fragen der Grundwerte zunehmend Überlegungen angestellt, wie deren Schutz noch ausgebaut werden kann. Die Überlegungen gehen zum einen in die Richtung verbesserter und ständiger Monitoring-Möglichkeiten und zum anderen in die Entwicklung zusätzlicher Instrumente, die einen Mittelweg zwischen Artikel 7 einerseits und dem einfachen Vertragsverletzungsverfahren andererseits bilden könnten. Das seit März 2014 gültige Rechtsstaatlichkeitsaufsichtsverfahren der Kommission kann dafür ein wichtiger Schritt sein, besitzt für den Untersuchungszeitraum dieser Arbeit jedoch noch keine Relevanz (von Bogdandy/Ioannidis 2014: 323).

Im Vergleich mit den vorhandenen Möglichkeiten zum Zeitpunkt des Konflikts mit Österreich ist auch in der *enforcement structure* eine Steigerung der Handlungsfähigkeit festzustellen, der Grad kann nun gerade so als *hoch* bezeichnet werden. Die Vertragsänderungen durch Nizza und Lissabon haben die Merkmale einer streitbaren Demokratie auf europäischer Ebene deutlich verstärkt. Die Grundlagen für Elemente der streitbaren Demokratie werden dabei laut Klamt bereits in Artikel 2 und Artikel 7 des EU-Vertrags gelegt. Ersterer benennt die Grundwerte der Union, letzterer die Sanktionsmöglichkeiten bei deren Nichteinhaltung: „Bereits die Komplementarität von Artikel 2 und Artikel 7 EUV kodifiziert die zwei wesentlichsten Kriterien Streitbarer Demokratie: Ein rechtliches Fundament demokratischer Werte, welches durch speziell hierfür entworfene Instrumente zu verteidigen ist – *Werthaftigkeit* und *Wehrhaftigkeit*" (Klamt 2012: 301). Der umfassende Wertekatalog wird durch den über das reine Unionsrecht hinausragenden Geltungsbereich von Artikel 7 widergespiegelt. Die Ergänzung durch einen Präventionsmechanismus erweitert zudem die Anwendungsmöglichkeiten erheblich und bietet Ansätze für vorbeugende und deeskalierende Maßnahmen. Während der im Vergleich zu anderen Organisationen leicht limitierte Strafkatalog dem Abschreckungspotential keinen Abbruch tut, bleibt als Einschränkung die Abhängigkeit von der tatsächlichen Handlungsbereitschaft der Mitgliedstaaten. Dass aus diesem Grund weitere Überlegungen laufen, um den Interventionsmechanismus zum umfassenden Grundwerteschutz auszubauen und auch im Vorfeld von Artikel 7 tätig werden zu können, ist der Grund, warum der Grad der Handlungsfähigkeit noch leicht ausbaufähig ist.

5.2.3 Clarity of Competences

Im Bereich *clarity of competences* wird die Eindeutigkeit beurteilt, mit der die Bedingungen für den Einsatz des Interventionsmechanismus und die damit verbundenen Zuständigkeiten auf EU-Ebene geregelt sind. Auch hier haben sich Neuerungen durch die Einführung des Präventionsmechanismus ergeben. Bei der Erarbeitung der Warnfunktion waren durchaus gegensätzliche Interessen am Werk. Während beispielsweise das Parlament eine Senkung der Hürden für den Einsatz von Artikel 7 anstrebte, ging es vor allem Österreich darum, die Rechte des unter Verdacht stehenden Mitgliedstaats zu stärken (Sadurski

2010: 22f.). Der letztendlich ausgearbeitete Artikel 7 Absatz 1 EUV geht in seiner Form in großen Teilen auf einen Kompromissvorschlag zurück, den die Kommission eingebracht hatte (ebd.: 24). Dabei sieht der EU-Vertrag nicht grundsätzlich vor, dass der Präventionsmechanismus eingesetzt worden sein muss, bevor der eigentliche Sanktionsmechanismus greifen kann. In dringenden Fällen ist es nicht zwingend nötig, den Präventionsmechanismus vorzuschalten, vielmehr kann der Sanktionsmechanismus bei entsprechenden Mehrheiten direkt eingesetzt werden. Für beide Eventualitäten deckt Artikel 7 Grundwerteverletzungen ab, die aus vollzogenen wie auch aus unterlassenen Handlungen eines Mitgliedsstaats resultieren (Klamt 2012: 314).

Wie in Artikel 7 Absatz 2-4 EUV sind auch im hinzugefügten Präventionsmechanismus die Kompetenzen zwischen den EU-Institutionen aufgeteilt. In beiden Fällen besitzt der intergouvernementale Rat jedoch die letztendliche Entscheidungskompetenz. Dabei muss er sich nur beim eigentlichen Feststellungsbeschluss in der Zusammensetzung der Staats- und Regierungschefs befinden. Ferner fallen beim Präventionsmechanismus im Vergleich zum eigentlichen Sanktionsmechanismus vor allem zwei Eigenschaften auf: zum einen die Aufwertung des Parlaments, das nicht nur zustimmen muss, sondern auch selbst die Initiative ergreifen kann und zum anderen die leichte Absenkung des für einen Feststellungsbeschluss erforderlichen Quorums im Rat, der hier nicht einstimmig votieren muss. Doch ist auch die nötige vier Fünftel Mehrheit – bei derzeit 28 Mitgliedstaaten also 22 Stimmen – keinesfalls eine leichte Hürde. Durch seine Zustimmungspflicht kommt dem Parlament immerhin in beiden Fällen eine Kontrollfunktion zu, die der Entscheidung demokratische Legitimität verleihen soll (Europäische Kommission 2003: 6). Dafür ist allerdings sowohl bei der Initiierung des Präventionsmechanismus als auch in beiden Fällen der Zustimmung ein Parlamentsbeschluss „mit der Mehrheit von zwei Dritteln der abgegebenen Stimmen und mit der Mehrheit seiner Mitglieder“ (Art. 354 AEUV) nötig.

Die Kommission besitzt jeweils das Initiativrecht. Ausgerechnet die Hüterin der Verträge verfügt damit nach Artikel 7 im Bereich des Grundwerteschutzes über keine weitere Entscheidungskompetenz. Sicherlich nicht zuletzt aus diesem Grund hat sich die Kommission durch die Einführung des neuen Verfahrens bei rechtsstaatlichen Defiziten in Mitgliedstaaten die eigenen Kompetenzen selbst erweitert – wenn auch im auf einen Grundwert eingegrenzten Rahmen und ohne tatsächliche Sanktionsmöglichkeiten. Vielmehr kann nach diesem neuen Verfahren allein die Kommission Empfehlungen zur Beseitigung der wahrgenommenen rechtsstaatlichen Missstände an den betroffenen Mitgliedstaat aussprechen – ähnlich zu der Empfehlungskompetenz des Rats beim Präventionsmechanismus (von Bogdandy/Ioannidis 2014: 324).

Zusätzlicher Interpretationsbedarf durch die Einführung des Präventionsmechanismus entsteht vor allem mit der Charakterisierung der „Eindeutigkeit“ der Gefahr, die vorliegen muss. Klar ist, dass es sich um eine konkrete und nicht abstrakte Gefahr handeln muss, die in einem absehbaren Zeitraum mit großer Wahrscheinlichkeit eintritt und die demokratischen Grundwerte betreffen muss. Unklar jedoch bleibt, woher die Sicherheit kommen soll, mit der festgestellt werden kann, dass genau diese Verletzung zweifellos eintreten wird (Klamt 2012: 312). Einerseits soll das Frühwarnsystem weder politisch missbraucht, noch leichtfertig eingesetzt werden können, andererseits sprechen die vorgesehenen dialogischen Elemente der Konsultation und Empfehlung dafür, dass es weniger für tatsächliche Staatskrisen, sondern vor allem für Fälle geringerer Intensität entworfen wurde. Der Unterschied zu einer erfolgten Verletzung der Grundwerte nach Artikel 7 Absatz 2 EUV und der für den Präventionsmechanismus ausreichenden eindeutigen Gefahr einer Verletzung lässt sich beispielhaft anhand eines fiktiven Gesetzes verdeutlichen, das die Grundwerte aus Artikel 2 in schwerwiegendem Maß bedroht. Während die bloße Verabschiedung dieses problematischen Gesetzes durch das Parlament eines Mitgliedstaats einen Fall für Absatz 1 darstellte, würde die tatsächliche Anwendung einen Einsatz des eigentlichen Sanktionsmechanismus nach Absatz 2-4 rechtfertigen (ebd.).

Um festzustellen, wann ein Gesetz jedoch derart problematisch ist, dass eine schwerwiegende Verletzung droht oder eine schwerwiegende und anhaltende Verletzung vorliegt und welche Sanktionen dies gegebenenfalls erfordert, wurde dem Rat ganz bewusst die Möglichkeit zum eigenen Ermessen und fallbezogenen Entscheidungen überlassen. Die Kommission (2003: 6) betont in ihrer Einschätzung zu Artikel 7 explizit dessen „politischen Charakter", der auch und gerade nach den Erfahrungen aus Österreich dazu dienen soll, wie die Kommission erläutert, Raum zu lassen für „die diplomatische Lösung einer Situation, die in der Union durch die Feststellung einer schwerwiegenden und anhaltenden Verletzung der gemeinsamen Werte entsteht" (ebd.). Hingegen bedauert die Kommission, dass entgegen ihrer Empfehlung keine Möglichkeit in die Verträge aufgenommen wurde, eine Nachprüfung des Feststellungsbeschlusses durch den Europäischen Gerichtshof zu ermöglichen. Ähnliches hatte auch das Parlament wiederholt gefordert. So kann der Gerichtshof lediglich die Vertragsgemäßheit erlassener Sanktionen prüfen (ebd.; Sadurski 2010: 25). Allen Erklärungsversuchen der Kommission zum Trotz bleibt eine mangelnde Definitionsgenauigkeit dessen, was eine Verletzung der Grundwerte als schwerwiegend oder anhaltend klassifiziert und damit den Einsatz des Sanktionsmechanismus – oder bereits des Präventionsmechanismus – rechtfertigt: „There is neither a definition nor an operationalization of the values specified in Article 2 TEU, their breach, or the risk thereof" (van Hüllen/Börzel 2013: 19).

Während also das Vorgehen und die Zuständigkeiten für den Einsatz des Artikels 7 klar beschrieben sind, geben die politischen Umstände auf die er angewendet werden kann, großen Raum für politisch motivierte Interpretationen. Die Verrechtlichung der EU im Bereich des Interventionsmechanismus ist damit weiterhin relativ gering. Um diesem Umstand zu begegnen, gab es durchaus immer wieder Vorstöße, ein kontinuierliches und unabhängiges Monitoring aller Mitgliedstaaten einzuführen, das deren Umgang mit den Grundwerten aus Artikel 2 regelmäßig überprüft und darüber berichtet. Alle Versuche in diese Richtung scheiterten aber am Widerstand der Mitgliedstaaten. So hat etwa auch die 2007 gegründete *Fundemental Rights Agency* kein Mandat, die Politik der Mitgliedstaaten auf die Notwendigkeit von Artikel 7 zu kontrollieren (ebd.: 22).

Es bleibt festzuhalten: Was die Klarheit des Verfahrens und die Zuständigkeiten der EU-Institutionen angeht, ist Artikel 7 insgesamt sehr eindeutig und bindend. Allerdings ergeben sich an anderen Punkten ernsthafte Schwächen: Insbesondere die Voraussetzungen für eine schwerwiegende Verletzung sind auch bei der leicht verbesserten Wertedefinition weiterhin unbefriedigend geklärt, so dass der erhebliche politische Ermessensspielraum fortbesteht. Für die Handlungsfähigkeit wirkt sich hierbei besonders schwächend aus, dass die Verantwortung für die Überprüfung und Anwendung des Sanktionsmechanismus nicht vollends oder vorwiegend in Händen der supranationalen Institutionen liegt. Es besteht nicht nur eine geteilte Zuständigkeit zwischen den Institutionen, vielmehr liegt die Entscheidungskompetenz in der Konsequenz – trotz leichter Aufwertung des Parlaments – beim Europäischen Rat und damit den anderen Mitgliedstaaten. Dadurch sind auch die Anforderungen an die notwendige Mehrheit zur Auslösung des Sanktionsmechanismus sehr hoch. Zwar sind das Bedürfnis nach gegenseitiger Kontrolle und die Anwendung des Sanktionsmechanismus als allerletzter Ausweg aus demokratietheoretischen Gründen durchaus nachvollziehbar. Insbesondere die Einstimmigkeit im Rat nach Artikel 7 Absatz 2 betont dabei aber die intergouvernementale Dimension. Jede einzelne Regierung besitzt so den Status einer Veto-Macht, was einen Einsatz von Artikel 7 in den meisten Fällen relativ unwahrscheinlich macht (von Bogdandy/Ioannidis 2014: 313). Was *clarity of competences* angeht, besitzt die EU daher weiterhin einen Grad der Handlungsfähigkeit im niedrigen *mittleren* Bereich.

5.3 Cohesion

Cohesion untersucht, ob es der EU gelingt, im Konflikt mit Ungarn einheitlich aufzutreten und mit einer Stimme zu sprechen. Aufgrund der Ereignisdichte ist es hierfür unmöglich den gesamten Untersuchungszeitraum von Mai 2010 bis Mai 2014 gleichmäßig abzudecken. Mit dem Ziel der Komplexitätsreduktion finden daher drei Höhepunkte im Konflikt zwischen der EU und Ungarn besondere Beachtung, die in ihrer Zusammenstellung ausreichend Aufschluss über die Kohärenz im Agieren der EU geben: die Stellungnahmen rund um die Mediengesetzgebung als ersten Konfliktherd (seit Ende 2010, Anfang 2011), die Auseinandersetzungen nach Inkrafttreten der neuen ungarischen Verfassung (seit Anfang 2012) und schließlich der Streit um die vierte Verfassungsänderung (März bis Juli 2013).

5.3.1 Value Cohesion

Für den Aspekt *value cohesion* wird untersucht, inwiefern sich die einzelnen Institutionen der EU in ihren Stellungnahmen auf die gemeinsamen Werte der EU beziehen und inwieweit sie dabei eine einheitliche Beurteilung der Situation im betroffenen Mitgliedstaat vornehmen.

Nach eigenen Aussagen strebte die ungarische Regierung eine Modernisierung der Mediengesetzgebung an, die den technologischen Entwicklungen Rechnung tragen sollte. Bei der Medienreform handelt es sich um ein Paket aus mehreren Gesetzen, insbesondere das finale am 21. Dezember 2010 vom Parlament verabschiedete „Mediengesetz" löste internationale Kritik aus (SZ: 7.12.2010, 4). Bereits Monate vor Verabschiedung des Gesetzes hatte die „Organisation für Sicherheit und Zusammenarbeit in Europa" (OSZE) die Pläne als ernsthafte Bedrohung der Pressefreiheit eingestuft. Sie etablierten, so eine wissenschaftliche OSZE-Analyse (Jakubowicz 2010: 5), ein Kontrollsystem, welches die Unabhängigkeit der Medien gefährde, die Gewaltenteilung verletze und demokratische Standards missachte:

> „If left unchanged, it would seriously restrict media pluralism, curb the independence of the press, abolish the autonomy of public-service media and impose a chilling effect on freedom of expression and public debate, all essential for democracy" (OSZE Pressemitteilung: 7.9.2010).

Das Gesetz ermöglicht u.a. dem Präsidenten der nationalen Medienbehörde, ohne parlamentarische Kontrolle zu agieren. Ernannt wird die Person direkt durch den Premierminister und zwar gleich auf neun Jahre. Diese ungewöhnliche Machtfülle wurde sogar in der Verfassung verankert. Einem neu geschaffenen Medienrat, dessen fünf Mitglieder sich aus Fidesz-Angehörigen ohne Einbeziehung der Opposition oder Zivilgesellschaft zusammensetzen, obliegt es, nicht nur privaten Rundfunk, sondern auch Print- und sogar Online-Medien unter anderem auf „Ausgewogenheit" in der Berichterstattung zu kontrollieren sowie etwa bei Bedrohung „öffentlicher Sitten" mit hohen Bußgeldern zu bestrafen. Im Interesse der „nationalen Sicherheit" war zudem vorgesehen, den Quellenschutz für Journalistinnen und Journalisten außer Kraft setzen zu können. Dabei sind all diese Schlüsselbegriffe unklar oder überhaupt nicht definiert und bieten damit die Gefahr für politischen Missbrauch (OSZE-Pressemitteilung: 22.12.2010).

Im Gegensatz zur OSZE und zu internationalen Medien reagierte die EU spät. Die Kommission ließ mitteilen, sie werde als Hüterin der EU-Verträge die Vereinbarkeit des Gesetzes mit dem Gemeinschaftsrecht prüfen (FAZ: 22.12.2010, 4). Erst nach der tatsächlichen Verabschiedung des Gesetzes am

23. Dezember wandte sich die für moderne Medien zuständige Kommissarin Neelie Kroes mit einem Brief an die ungarische Regierung. Darin äußerte sie zum einen Bedenken hinsichtlich einiger spezifischer Bestandteile des Gesetzes und ihrer Vereinbarkeit mit EU-Recht. Zum anderen betonte sie jedoch auch, das Gesetz werfe grundsätzlichere politische Fragen in Bezug auf Meinungsfreiheit und Medienvielfalt auf, die in den europäischen Verträgen als Grundlagen demokratischer Gesellschaften anerkannt seien (Kroes: Speech/11/6). Bei der offiziellen Pressekonferenz zu Beginn der ungarischen Ratspräsidentschaft bezog sich Kommissionspräsident Barroso (Speech/11/4) lediglich allgemein auf die „Pressefreiheit als ein geheiligtes Prinzip“ der EU, ohne eine Bewertung des Mediengesetzes vorzunehmen. Die Ankündigung, dieses auf die Vereinbarkeit mit EU-Recht überprüfen zu lassen, verknüpfte er mit einer Vertrauensbekundung in die ungarische Demokratie.

Während der Europäische Rat auch im weiteren Verlauf keine Stellungnahme veröffentlichte, äußerten sich rund um die Verabschiedung des Gesetzes einige nationale Regierungsvertreterinnen und -vertreter. Luxemburgs Außenminister Asselborn beschuldigte die ungarische Regierung, demokratische Prinzipien zu verletzen, indem er Orbán mit dem weißrussischen Diktator Lukaschenko gleichstellte. Er verglich die Vorgänge in Ungarn zudem mit den Reaktionen der EU aufgrund der Regierungsbeteiligung der FPÖ in Österreich und schloss: „Diesmal kann auch niemand behaupten, ein Eingreifen der EU sei eine Einmischung in innere Angelegenheiten: Das geplante Gesetz verstößt gegen die festgeschriebenen Werte von 500 Millionen Europäern“ (FAZ-NET: 21.12.2010). Die deutsche Bundesregierung war zurückhaltender, bezog sich aber auch auf die Grundwerte, denen Ungarn verpflichtet sei. Ungarn, so ein Regierungssprecher, dürfe die Rechtsstaatlichkeit im Umgang mit den Medien nicht verletzen (SPON: 22.12.2010).

Im EU-Parlament war das ungarische Mediengesetz im ersten Quartal 2011 gleich drei Mal Gegenstand kontroverser Debatten. Am 19. Januar hatte es auch Gelegenheit, mit Viktor Orbán zu diskutieren, der das Programm der ungarischen Ratspräsidentschaft vorstellte. In einer am 10. März verabschiedeten, gemeinsam von Sozialisten, Liberalen, Grünen und Linken eingebrachten Resolution schließt sich das Parlament inhaltlich der OSZE-Kritik an und äußert sich sehr besorgt über das Mediengesetz. Die Abgeordneten beziehen sich dabei deutlich auf die Grundwerte aus Artikel 2 EUV sowie die EU-Grundrechtecharta und die Europäische Menschenrechtserklärung. Die Erklärung schließt mit einer Aufforderung an die ungarische Regierung „to involve all stakeholders in the revision of the media law and of the Constitution, which is the basis for a democratic society founded on the rule of law, with appropriate checks and balances to safeguard the fundamental rights of the minority against the risk of the tyranny of the majority" (EP: Media Law in Hungary). Schon zu Jahresbeginn hatten Abgeordnete wie der Fraktionsvorsitzende der Europäischen Sozialisten (SPE), Martin Schulz betont: „Wir können der ungarischen oder jeder anderen Regierung nicht erlauben, die Grundwerte der Europäischen Union zum Teufel zu jagen“ (FAZ: 7.1.2011, 1). Die Mitglieder der EVP-Fraktion, der auch die ungarische Fidesz angehört, stimmten gegen die Resolution und sahen die europäischen Werte nicht in Gefahr. Eine Regierung, die mit so großer Mehrheit gewählt worden sei, hätte „es sicher nicht nötig [...], die Medien zu manipulieren“ (Marco Scurria, EP-Debatte: 16.2.2011).

Fast genau ein Jahr später stand die Politik der ungarischen Regierung erneut im Kreuzfeuer der Kritik. Nachdem die neue ungarische Verfassung am 18. April 2011 verabschiedet worden war, trat sie am 1. Januar 2012 in Kraft. Sowohl die kurze Erarbeitungsdauer als auch die Inhalte der neuen als „Grundgesetz“ betitelten Verfassung waren bereits bei ihrer Verabschiedung Ziel nationaler und internationaler Kritik. Öffentlich tätig wurde die Kommission erst kurz vor ihrem Inkrafttreten. In einer Stellungnahme der Kommission zur Situation in Ungarn vom 11. Januar 2012 (European Commission: MEMO/12/9) behält sich die Kommission vor, mehrere Vertragsverletzungsverfahren einzuleiten – allerdings nach Artikel 258 AEUV, nicht als Grundwerteverletzung nach Artikel 7 EUV. Demokratische Prinzipien, Rechtsstaatlichkeit und weitere EU-Grundwerte finden erneut nur allgemeine Erwähnung in ihrer Bedeutung für das Vertrauen von internationalen Investoren. Bei einer abermaligen Aussprache vor dem EU-Parlament mit Orbán zur Situation in Ungarn wurde Barroso hingegen deutlicher, indem er Orbán direkt aufforderte, Grundprinzipien von Demokratie und Freiheit zu respektieren. Dabei gehe es um Fragen, die das EU-Recht womöglich überstiegen, etwa die Unabhängigkeit der Justiz oder das Wahl- und das Presserecht (FAZ: 19.1.2012, 1). Von Seiten der Mitgliedstaaten gab es wieder keine gemeinsame Stellungnahme, auch wenn etwa Frankreichs Außenminister Alain Juppé eine Prüfung problematischer Passagen auf Kompatibilität mit demokratischen Normen forderte. Am unverblümtesten äußerte erneut Jean Asselborn seine Kritik und bezeichnete Ungarn aufgrund der politischen Entwicklung als „Schandfleck“ der EU (FAZ: 6.1.2012, 4).

Nach der Debatte mit Orbán am 18. Januar 2012 war die ungarische Verfassung am 16. Februar 2012 noch einmal Gegenstand im Parlament. In der Resolution vom 16. Februar 2012 – wieder eingebracht und verabschiedet mit den Stimmen der links-liberalen Fraktionen – drückte das Parlament erneut Besorgnis aus über die Zustände in Ungarn hinsichtlich Demokratie und Rechtsstaatlichkeit, der Funktionsweise der Gewaltenteilung sowie der Situation der Menschenrechte (EP: Resolution on the recent political developments in Hungary, 16.2.2012). Befürworter der Resolution betonten die Bedeutung europäischen Eingreifens, wenn die Grundwerte der Union auf dem Spiel stehen, wie Kristiina Ojuland (EP-Debatte: 16.2.2012) von der liberalen ALDE-Fraktion ihre Entscheidung begründete. Der Grüne Daniel Cohn-Bendit sah das EU-Mitglied sogar auf einem „autoritär-totalitären Weg" (FAZ: 19.1.2012, 1). Dagegen kritisierten EVP-Abgeordnete die Erklärung als „ideologischen Zirkus" (Bernd Posselt, EP-Debatte: 18.1.2012). Ungarn habe das fortschrittlichste Minderheitenrecht der EU und Orbán werde beweisen, dass er zu den gemeinsamen Werten stehe. Auch einige Abgeordnete der europaskeptischen Fraktion Europe of Freedom and Democracy bezogen ebenfalls eine wertebasierte Position, betonten dabei jedoch nicht, dass Ungarn die EU-Werte einhalte. Vielmehr kritisierten sie die Resolution ebenfalls als ideologisch begründet, da die ungarische Verfassung christliche Werte, betone, die der „political correctness in force in Europe today" (Zbigniew Ziobro, EP-Debatte: 18.1.2012) widersprächen.

Am 11. März 2013 verabschiedete das ungarische Parlament bereits die vierte Novelle zu der noch jungen Verfassung. Die nationale Opposition und kritische internationale Beobachter erkannten darin einen weiteren Höhepunkt in der schrittweisen Dekonstruktion des ungarischen Rechtsstaats mit den Mitteln einer Zwei-Drittel-Mehrheit und dem Ziel der Regierung, diese Macht endgültig zu zementieren, indem das Verfassungsgericht systematisch entmachtet wurde (SZ: 3.5.2013, 2). Durch die zusätzliche Verfassungsänderung wurden zahlreiche sogenannte „Übergangsvorschriften" in die Verfassung aufgenommen, nachdem das Verfassungsgericht das Konzept der Übergangsvorschriften jüngst als nicht verfassungskonform moniert hatte. Während die Fidesz-Mehrheit argumentierte, sie käme allein den formalen Anforderungen des Gerichts nach, ignorierte sie dabei, dass etliche dieser Vorschriften vom Verfassungsgericht zuvor bereits inhaltlich als verfassungswidrig eingestuft worden waren. Mit der vierten Verfassungsreform beschloss das Parlament nun u.a., dass das Verfassungsgericht künftige Gesetze nicht mehr auf ihren Inhalt, sondern allein auf ihre Entstehung im Gesetzgebungsprozess prüfen darf. Diesmal reagierte die Kommission sofort mit deutlichem Wertebezug. In einer gemeinsamen Erklärung mit dem Generalsekretär des Europarats, Thorbjörn Jagland, verkündete Kommissionspräsident Barroso, „diese Änderungen werfen Bedenken auf bezüglich des Respekts für das Rechtsstaatsprinzip" (SPON: 12.3.2013). Bei einer am 17. April folgenden Parlamentsdebatte bekräftigte Kommissarin Reding diese Kritik, indem sie Jaglands Worte zitierte:

> „This gives the impression that the government is willing to use the two-thirds parliamentary majority to overrule the Constitutional Court, which might endanger the fundamental principle of checks and balances in a democracy" (EP-Debatte: 17.4.2013).

Dagegen fiel der Beitrag der irischen Ratspräsidentschaft in derselben Debatte inhaltsleer aus. Aufgrund mangelnder Beschlusslage konnte deren Repräsentantin Lucinda Creighton lediglich auf die generelle Bedeutung der Grundwerte hinweisen (EP-Debatte: 17.4.2013). Etwas konkreter wurde die deutsche Bundeskanzlerin Angela Merkel, die den ungarischen Präsidenten János Áder bei dessen Staatsbesuch in Berlin und Premierminister Orbán am Rande des Europäischen Rats mahnte, die eigene Zwei-Drittel-Mehrheit nicht zu missbrauchen (SPON: 12.3.2013; Die ZEIT: 18.4.2013, 12).

Das EU-Parlament befasste sich am 17. April und am 3. Juli 2013 erneut intensiv mit der Situation in Ungarn. Für die Juli-Debatte hatte der Ungarn-Beauftragte des Europa-Parlaments, der Grüne Rui Tavares, einen ausführlichen „Bericht über die Lage der Grundrechte: Standards und Praktiken in Ungarn" vorgelegt. Dieser bildete letztendlich die Beschlussgrundlage für eine weitere Resolution, in der das Parlament zu der mit einfacher Mehrheit beschlossenen Auffassung kommt, „dass der systematische und allgemeine Trend, die Verfassung und den Rechtsrahmen in sehr kurzen Zeitabständen wiederholt zu ändern, und der Inhalt solcher Änderungen mit den in Artikel 2 EUV [...] genannten Werten unvereinbar sind" (EP-Bericht: 24.6.2013, 32).

Für den Aspekt *value cohesion* lässt sich im gesamten Untersuchungszeitraum ein *mittlerer* Grad der Handlungsfähigkeit feststellen. Fast alle beteiligten Institutionen und Akteure stellen – sofern sie sich äußern – in ihren Stellungnahmen einen starken Bezug zu den in Artikel 2 EUV genannten Werten her. In der Beurteilung der Situation in Ungarn fallen die Einschätzungen jedoch sehr unterschiedlich aus. Die eindeutigste Linie weist dabei das Parlament auf. Dieses wirft zwar konsequent der ungarischen Regierungspolitik sowohl im Fall des Mediengesetzes als auch in den Fällen der neuen Verfassung und ihrer vierten Reform eine Missachtung der Grundwerte vor, doch haben alle gefassten Beschlüsse lediglich eine einfache Mehrheit. Die konservativen und europakritischen Fraktionen beurteilen die Lage in Ungarn nicht nur grundsätzlich anders, sondern beziehen sich auf christlich-konservative Werte, die sie teilweise sogar dem Werteverständnis der EU gegenüber stellen. Der Rat hat keine offiziellen Beschlussfassungen über die Lage der Grundwerte in Ungarn gefasst. Die Äußerungen der Regierungsvertreterinnen und -vertreter aus den Mitgliedstaaten variieren von zurückhaltend bis zu starker Verurteilung, was auch der Grund dafür sein konnte, dass keine gemeinsame Positionierung erfolgt ist. Bei der Kommission ist im Verlauf der drei Fälle eine zögerliche Verschärfung der Reaktion und damit auch der Situationseinschätzung erfolgt.

5.3.2 Procedural-Tactical Cohesion

Im Bereich *procedural-tactical cohesion* geht es um die Fähigkeit der EU, unterschiedliche Interessen durch interne Verhandlungen und inhaltliche Diskussionen zusammenzubringen oder durch bestimmte Verfahren Einigkeit über ein gemeinsames Vorgehen herzustellen.

Aus Sicht der EU war nicht nur der Inhalt des Mediengesetzes problematisch, auch der Zeitpunkt der Verabschiedung kam besonders ungelegen. Die öffentliche Aufmerksamkeit und internationale Kritik an der ungarischen Regierung überschattete die anstehende Ratspräsidentschaft. So weilte der Präsident des Europäischen Rates, Herman Van Rompuy, am Tag der Verabschiedung des Mediengesetzes in Budapest in Vorbereitung des nahenden Präsidentschaftsantritts, nahm jedoch mit keinem Wort Stellung zu dem Gesetzesbeschluss, sondern äußerte sich allein lobend über die Agenda für Orbáns Ratspräsidentschaft (SZ: 23.12.2010, 2). Gleichzeitig wurden die Vorgänge aufgrund der erstmaligen Ratsführung durch Ungarn intensiver beachtet, als dies ansonsten in dem relativ kleinen Mitgliedstaat bei gleichzeitig anhaltender Euro-Krise der Fall gewesen wäre. Die Kommission begründete ihr langes Schweigen angesichts des Mediengesetzes zwar mit dem Argument, sie kommentiere niemals laufende Gesetzgebungsprozesse in Mitgliedstaaten, doch seit den ersten Berichten über die Einschätzung der OSZE war der Handlungsdruck bereits so groß geworden, dass ein Eingreifen unausweichlich war (SPON: 6.1.2011). Auch internationale Medienunternehmen wie die Essener WAZ-Verlagsgruppe protestierten gegen das Gesetz (SZ: 23.12.2010, 2).

Danach zielte das Vorgehen der Kommission auf Schadensbegrenzung: Indem mit Neelie Kroes die Kommissarin der Digitalen Agenda – und nicht die für Grundrechtsfragen verantwortliche Justizkommissarin Viviane Reding – als zuständig erklärt wurde, sollte zwar die Handlungsfähigkeit der Hüterin der Verträge ausgedrückt werden, doch war dies gleichzeitig ein klares Zeichen, dass die Kommission das Gesetz keinesfalls für einen schwerwiegenden Grundwerteverstoß erachtete (FAZ: 7.1.2011, 1). Kroes kündigte an, das Mediengesetz auf die Vereinbarkeit mit der EU-Richtlinie über audio-visuelle Mediendienste (AVMD-Richtlinie) zu prüfen. Insbesondere hinsichtlich der parteipolitisch einseitigen Zusammensetzung und Machtfülle des Medienrats äußerte sie Bedenken (SPON: 7.1.2011). Auch nach der Eröffnung der ungarischen Ratspräsidentschaft hielt die Kritik am zurückhaltenden Vorgehen der Kommission an. In einem weiteren Brief forderte Kroes Ungarns Regierung auf, binnen der eher ungewöhnlich kurzen Frist von zwei Wochen zu drei Punkten Stellung zu nehmen, an denen die Kommission nach erster Prüfung die Umsetzung der AVMD-Richtlinie gefährdet sah: Erstens sei die Anforderung an Medienanbieter zur ausgewogenen Berichterstattung auf Rundfunk zu beschränken, anstatt dies auf On-demand-Dienste und Print auszuweiten. Zweitens gelte für ausländische Medienanbieter laut EU-Recht das Herkunftslandprinzip, folglich könnten diese nicht wie vorgesehen in Ungarn mit Strafen belegt werden. Drittens gehe die Registrierungs- und Zulassungspflicht des ungarischen Mediengesetzes zu weit, weil sich sogar Internet-Foren und Blogs vor Tätigkeitsbeginn hätten registrieren müssen (Neelie Kroes, EP-Debatte: 16.2.2011). Parallel verwies Kroes gegenüber der Öffentlichkeit jedoch zum wiederholten Male auf ihre beschränkten Handlungsmöglichkeiten im Bereich des Medienrechts, da dies in nationaler Verantwortung liegt und somit Artikel 11 der Grundrechtecharta (Pressefreiheit) nicht greife (SZ: 23.12.2010, 1; FAZ: 22.1.2011, 10).

Tatsächlich zeigten sich Kroes und die Kommission mit den Antworten aus Ungarn zufrieden. In der Parlamentsdebatte am 16. Februar verkündete sie,

„dass der ungarische Premierminister einer Änderung des Mediengesetzes zugestimmt habe, wonach es mit allen EU-rechtlichen Aspekten vereinbar sein wird“ und zwar „einschließlich der Frage über die Charta der Grundrechte“. Im Bemühen die Affäre damit als beendet zu erklären, wurden weder von Kroes noch von Barrosso die Befugnisse und die Zusammensetzung des zunächst auch von der Kommission so zentral kritisierten Medienrats überhaupt erwähnt, da die AVMD-Richtlinie dafür keinerlei Handhabe bot (EP-Debatte: 16.2.2011).

Anders argumentierten Abgeordnete des Europaparlaments. Sowohl Liberale als auch Grüne forderten bereits im Dezember die Mitgliedstaaten – also den Rat – und die Kommission dazu auf, ein Verfahren nach Artikel 7 gegen Ungarn einzuleiten (FAZ 23.12.2010, 4; SZ: 23.12.2010, 1). Während die EVP abwarten wollte und vor Vorverurteilungen warnte, spielten die Sozialisten der PES zwar ebenfalls mit der Option auf Artikel 7, wollten zunächst jedoch eine Gesetzesprüfung durch den Rechtsausschuss des Parlaments vornehmen lassen, um Rechtssicherheit zu haben (SPON: 6.1.2011). Nachdem sich die EVP und PES vor Orbáns Auftritt im Parlament am 19. Januar auf ein dezentes Vorgehen geeinigt hatten, um Orbán zu Änderungen am Gesetz zu bewegen, erntete dieser zwar deutliche, aber zurückhaltend vorgebrachte Kritik für das Mediengesetz (EP-Debatte: 19.1.2011).

Im Gegensatz zur Kommission und den konservativen Abgeordneten erachteten die links-liberalen Fraktionen im EU-Parlament die angekündigten Änderungen am Mediengesetz jedoch als nicht ausreichend, sondern als „Zugeständnisse zu einigen lächerlichen Details“ (Rui Tavares, EP-Debatte: 16.2.2011). Am Kern des Problems, der Einschränkung von Meinungs- und Pressefreiheit in Ungarn, hätte sich nichts geändert. Auch das Vorgehen der Kommission, lediglich einige Aspekte zu kritisieren, wurde in vielen Redebeiträgen als unzureichend und kleinteilig bewertet (z.B.: Judith Sargentini: ebd.). Der journalistische Quellenschutz bleibe abgeschafft, die unverhältnismäßige Macht und Zusammensetzung des Medienrats unangetastet und es drohten weiterhin hohe Geldbußen für Medien, die aus Angst vor politisch motivierten Strafen zu Selbstzensur führten (Claude Moraes: ebd.). All dies war von der Kommission weder gegenüber Ungarn moniert, noch vor dem Parlament als problematisch dargestellt worden.

Auch im Fall der neuen Verfassung in Ungarn ließ die Reaktion der EU-Kommission unter immer größer werdender Kritik ob ihrer Tatenlosigkeit lange auf sich warten (SPON: 6.1.2012). Während etwa UN-Generalsekretär Ban Ki Moon bereits im April 2011 vor Verabschiedung der Verfassung eine Warnung vor dem Bruch internationaler Vereinbarungen nach Ungarn schickte (SPON: 18.4.2011) oder US-Außenministerin Hillary Clinton bei einem Besuch in Budapest die Regierung aufforderte, demokratische und europäische Werte zu respektieren (FAZ: 18.7.2011, 2), agierte die Kommission erst im Dezember als ihr bereits u.a. Beschwerden des finnischen Verfassungsgerichts und mehrerer Nichtregierungsorganisationen vorlagen. In mehreren Briefwechseln mit Budapest äußerten Kommissionspräsident Barroso, Justizkommissarin Reding und Währungskommissar Olli Rehn ihre Besorgnis hinsichtlich der Vereinbarkeit mit EU-Recht und forderte Ungarn auf, mehrere geplante Regelungen auszusetzen, bis dies geklärt sei (FAZ: 13.12.2011, 1). Kritisch hervorgehoben wurden Einschränkungen in die Unabhängigkeit der Justiz, indem Richter durch eine übergangslose Herabsetzung des Rentenalters zwangspensioniert werden sollten, während das Pensionsalter ab 2014 wieder steigen sollte. Hier sah die Kommission die akute Gefahr, dass politisch unliebsame Richter entfernt werden sollten, kritisierte das Vorhaben aber auch unter dem Aspekt der Altersdiskriminierung. Auch die Unabhängigkeit der Datenschutzbehörde wurde infrage gestellt, da die Amtszeit des Datenschutzbeauftragten aufgrund einer Neuorganisation der Behörde vorzeitig beendet werden sollte und der neue künftig durch den Premierminister und nicht mehr durch das Parlament berufen werden sollte (SZ: 26.4.2012, 9).

Die Vorgänge wurden zusätzlich beschleunigt, nachdem Ungarns Parlament noch Ende Dezember 2011 weitere Gesetze beschlossen hatte, mithilfe derer die Regierung mehr politische Vertreterinnen und Vertreter in den Rat der ungarischen Zentralbank entsenden könnte und die Kompetenzen des Zentralbankgouverneurs eingeschränkt wurden. Die Kommission sah darin eine Gefährdung der Unabhängigkeit der Zentralbank. Die Parallelität der Ereignisse zu gleichzeitig laufenden Verhandlungen Ungarns mit dem Internationalen Währungsfonds (IWF) und der EU über dringend benötigte Kredithilfen gaben der Kommission ein neues Druckmittel. Sowohl IWF als auch die EU setzten daraufhin die Verhandlungen aus (SPON: 13.1.2012; FAZ: 4.1.2012, 1).

Bereits am 17. Januar 2012 leitete die Kommission die erste Stufe des Vertragsverletzungsverfahrens nach Artikel 258 AEUV ein. Drei Aufforderungsschreiben bezüglich der Unabhängigkeit der Datenschutzbehörde und der Zentralbank sowie der Maßnahmen im Justizwesen gingen nach Budapest, woraufhin die ungarische Regierung binnen eines Monats auf die Bedenken der Kommission reagieren musste (Europäische Kommission: Pressemitteilung, 17. Januar 2012). Nur wenige Tage später, am 23. Januar, beschloss der Rat auf Empfehlung der Kommission, dass Ungarn auf die Empfehlungen des Rates zur Bekämpfung des staatlichen Haushaltsdefizits nicht mit wirksamen Maßnahmen reagiert habe (Europäischer Rat: Beschluss, 23.1.2012). In der Frage des Haushaltsdefizits erhöhte die Kommission abermals den Druck, indem sie Ungarn als erstem EU-Land überhaupt den Verlust von Fördergeldern aus dem Kohäsionsfonds androhte, die vor allem Umwelt- und Verkehrsprojekte finanzieren. Zwar betonte Währungskommissar Rehn, die Maßnahme sei unabhängig von politischen Streitfragen zu sehen (SPON: 22.2.2012), doch ergibt sich aufgrund der zeitlichen Nähe ein unweigerlicher Zusammenhang zwischen der nicht EU-konformen Haushaltspolitik und der befürchteten Einflussnahme der Regierung auf die Geldpolitik. Tatsächlich wurden die Mittel auf einen Ratsbeschluss hin zu Disziplinierungszwecken für einige Monate eingefroren (Europäischer Rat: Beschluss, 13. März 2012).

Schon am 7. März setzte die Kommission auf Grundlage der Stellungnahmen aus Ungarn in zwei Fällen das beschleunigte Vertragsverletzungsverfahren mit der zweiten Stufe fort. Sowohl im Fall der Zwangspensionierung der Richter als auch in der Angelegenheit der Datenschutzbehörde war die Kommission mit den Antworten und Zugeständnissen aus Ungarn nicht zufrieden. In beiden Fällen reichte die Kommission schließlich trotz mehrfacher Verhandlungen und Fristen im Juni 2012 Klage beim Europäischen Gerichtshof ein. Im Fall der Zentralbank hingegen waren die Zusagen immerhin ausreichend, um den nächsten Schritt abzuwenden, auch wenn Ungarn weitere Nachweise in der Frage zu erbringen hatte. Damit war der Weg für die Wiederaufnahme der Verhandlungen um Hilfsgelder mit der EU und dem IWF frei (Europäische Kommission: Pressemitteilung, 7.3.2012).

Das Parlament hatte bereits den Prozess zur Erstellung der neuen Verfassung in Ungarn als schnell und intransparent kritisiert, nun kam gerade aus den Reihen der Abgeordneten – insbesondere vor dem Hintergrund der Vorgeschichte mit dem Streit ums Mediengesetz – deutliche Kritik am Vorgehen der Kommission: „Barroso reagiert seit einem Jahr viel zu schwach" mahnte etwa der stellvertretende Fraktionsvorsitzende der PES, Hannes Swoboda (SPON: 6.1.2012). Auf eigene Initiative stellte sich Orbán am 18. Januar dem EU-Parlament. Im Vergleich zur Debatte im Vorjahr fielen Ton und Inhalt der Vorwürfe gegen seine Regierung deutlich schärfer aus. Swoboda warf ihm vor, seine Macht und die seiner Partei auch über die Zeit eines möglichen Regierungswechsels hinaus zementieren zu wollen. Der Grüne-Fraktionsvorsitzende Daniel Cohn-Bendit verglich Orbáns Regierungsstil mit dem des venezolanischen Präsidenten Hugo Chavez und sein liberaler Kollege Guy Verhofstadt machte sich einmal mehr für ein Verfahren nach Artikel 7 stark (FAZ: 19.1.2012, 1). Auch in den Parlamentsdebatten in den folgenden Monaten lässt sich beim Thema Ungarn und der Beurteilung des Vorgehens meist eine deutliche Links-Rechts Spaltung erkennen. Während konservative und europakritische Abgeordnete dies als Beleg dafür werteten, im Europaparlament würden innenpolitische ungarische Konflikte ausgetragen, und für eine Stärkung der nationalen Souveränität eintraten, waren die Orbán-kritischen Stimmen sichtlich bemüht, die Vorwürfe an der ungarischen Gesetzgebung nicht als Kritik an der ungarischen Bevölkerung, sondern allein an deren Regierung verstanden zu wissen, um weitere Anti-EU-Ressentiments einzudämmen (EP-Debatte: 16.2.2012).

Eine ganze Reihe von Ergänzungen an der erst seit gut einem Jahr gültigen ungarischen Verfassung sorgten weiter für Diskussionen über den problematischen Umgang der Fidesz-Regierung mit ihrer Zwei-Drittel-Mehrheit. Allen voran die vierte Verfassungsnovelle mit den geplanten Einschnitten in die

Kompetenzen des Verfassungsgerichts sowie einigen weiteren Vorhaben rief bereits vor ihrer Verabschiedung am 11. März 2013 massive Kritik im In- und Ausland hervor. So hatten sich bereits der Europarat und das US-Außenministerium eingemischt, bevor Kommissionspräsident Barroso den ungarischen Premierminister persönlich – und vergeblich – bat, die Abstimmung zu verschieben (SPON: 11.3.2013). Während Barroso daraufhin in der gemeinsamen Erklärung mit dem Generalsekretär des Europarats seine Besorgnis um die Rechtsstaatlichkeit äußerte und ankündigte, beide Organisationen würden die beschlossenen Gesetze nun eingehend prüfen (European Commission: MEMO, 11.3.2013), ging Justizkommissarin Viviane Reding einen Schritt weiter. Sie drohte mit europäischen Sanktionen nach Artikel 7, sollte Ungarns Regierung weiterhin die europäischen Grundsätze mit den Füßen treten und brachte nicht nur den Stimmrechtsentzug als Strafe ins Spiel, sondern auch die Kürzung von Finanzhilfen (FAZ: 15.3.2013, 1). Ähnlich argumentierten Parlamentsvertreter wie Martin Schulz, mittlerweile Parlamentspräsident (SPON: 13.3.2013). Der liberale Abgeordnete Alexander Graf Lambsdorff forderte gleichzeitig Barroso dazu auf, Orbán nicht „mehr mit Samthandschuhen anzufassen“ (SZ: 13.3.2013, 7).

Am 12. April schickte Barroso einen Brief an Orbán, in dem erneut in Bezug auf drei Artikel der neuen Verfassung Bedenken über deren EU-Recht-Kompatibilität geäußert und mögliche Vertragsverletzungsverfahren in den Raum gestellt wurden. Diese Position der Kommission wurde bei der Parlamentsdebatte am 17. April durch Kommissarin Reding dargestellt. Die hauptsächlichen Bedenken wendeten sich demnach zum einen gegen die Möglichkeit, die Bezahlung von Geldbußen der EU durch Sonderabgaben auf die Bevölkerung umzulegen. Laut Reding werde diese durch die Aushöhlung der Autorität des Europäischen Gerichtshof doppelt bestraft, indem sie zum einen um ihre EU-Rechte gebracht würden und dafür auch noch zahlen müssten (EP-Debatte: 17.4.2013). Des Weiteren kritisierte die Kommission Artikel 14 der neuen ungarischen Verfassung, wonach der Präsident des nationalen Justizamtes laufende Verfahren jederzeit an ein anderes Gericht verlegen kann sowie die Beschränkungen der kostenlosen Wahlwerbung auf öffentlich-rechtliche Mediendienste, was die 80 Prozent der privaten Angebote ausschließen würden (ebd.). Die Kommission beschränkte sich somit erneut auf einzelne Aspekte, die Europarecht betreffen könnten. Hinsichtlich der Europäischen Grundwerte ruderte Reding hinter ihre Aussagen aus dem März zurück und verwies auf den Juni 2013, wenn zum einen die Prüfung Ungarns durch die Venedig-Kommission des Europarats sowie der Bericht zur Situation der Grundrechte in Ungarn durch den Parlamentsbeauftragten, Rui Tavares, vorliegen sollten. Die auffallend häufige Betonung der Zusammenarbeit mit dem Europarat sollte dem Vorgehen der Kommission angesichts der anhaltenden Kritik über ein zu zaghaftes Vorgehen zusätzliche Autorität verleihen.

Artikel 7 bezeichnete Reding in der Debatte als „kind of atom bomb that which you have but which you think twice or three times about using“ (ebd.). Entsprechend benötige die EU zusätzliche Instrumente zum Schutz des Rechtsstaats in den Mitgliedstaaten. Damit griff sie eine Initiative der Außenminister aus Deutschland, Dänemark, Finnland und den Niederlanden auf. Diese hatten bereits im März anlässlich der Vorgänge in Ungarn und Rumänien für einen solchen Mechanismus plädiert (FAZ: 9.3.2013, 6). Im Parlament erntete sie jedoch Kritik – und zwar von beiden Seiten. Bereits im Vorfeld waren einige EVP-Abgeordnete verärgert über die harten Aussagen Redings zu den Verfassungsänderungen, sodass ausgerechnet die links-liberalen Fraktionen die konservative Kommissarin vor ihren Parteifreundinnen und -freunden gegen den Vorwurf des links-ideologischen Handelns verteidigten (Rebecca Harms, EP-Debatte: 17.4.2013). Gleichzeitig kritisierten diese Fraktionen das Vorgehen der Kommission erneut als nicht ausreichend. Zahlreiche Verstöße gegen demokratische Grundwerte würden durch die abermalige Beschränkung auf nur drei Aspekte ignoriert, anstatt die Missstände grundsätzlich anzugehen. Als solche genannt wurden etwa der wachsende Antisemitismus, die Diskriminierung homosexueller Paare durch die Beschränkung des Familienbegriffs in der neuen Verfassung, die ungarische Parlamentshoheit über die Religionsfreiheit durch neue Gesetze zur Zulassung von Religionsgemeinschaften und vor allem die Aufhebung der Gewaltenteilung durch die Beschränkung des Verfassungsgerichts (Hannes Swoboda, Guy Verhofstadt: ebd.).Während Reding zur Grundrechtefrage erst einen Parlamentsbericht abwarten will, wiesen die Abgeordneten die Verantwortung an die Kommission zurück. Diese müsse durch Vertragsverletzungsverfahren handeln und – unter Kenntnis der fehlenden Zwei-Drittel-Mehrheit im Parlament – notfalls Artikel 7 einsetzen. Im Gegensatz zu den Einschätzungen der Sozialisten und Grünen, die Artikel 7 allenfalls später einsetzen wollten, sah Verhofstadt bereits mindestens eine eindeutige Gefahr einer schwerwiegenden Verletzung (ebd.).

Bei der Bewertung im Bereich *procedural-tactical cohesion* fällt der Grad der EU-internen Handlungsfähigkeit im Umgang mit der Situation in Ungarn lediglich gering aus. Trotz zahlreicher öffentlicher Debatten ist ein strategisch abgestimmtes Vorgehen, das zu einer Einigung zwischen den Institutionen führen könnte, nicht zu beobachten. Dies liegt nicht zuletzt daran, dass sich auch die unterschiedlichen EU-Institutionen in der Bewertung der Vorgänge in Ungarn uneins sind und teilweise gegensätzliche Interessen eine strategische Verhandlungsführung in Richtung eines abgestimmten Vorgehens blockieren. So versuchte die Kommission den Konflikt und den Imageschaden kleinzuhalten, handelte mehrfach erst auf starken externen Druck und war meist bemüht, zunächst die ungarische Kooperationsbereitschaft zu betonen. Das anfänglich angeführte Argument, sich nicht in laufende Gesetzgebungsprozesse einzumischen, kann allein deshalb als vorgeschoben betrachtet werden, da dies durch Barrosos Bitte an Orbán spätestens bei der vierten Verfassungsergänzung nicht mehr eingehalten wurde. Dies darf allerdings ebenso wie Redings kurz darauffolgende Drohgebärde mit Artikel 7 als Beleg dafür gelten, dass auch in der Kommission Ungeduld und Unzufriedenheit mit Orbáns Katz-und-Maus-Spiel im Zeitverlauf angewachsen sind. Indem die Kommission Artikel 7 als „Atombombe" bezeichnet, macht sie jedoch auch klar, dass diese „nukleare Option" in erster Linie der Abschreckung dienen soll und ein Einsatz nicht beabsichtigt ist – womit die Drohung für bereits vollzogene Verstöße jedoch nichtig wird (van Hüllen/Börzel 2013: 20). Stattdessen bediente sie sich anderer Instrumente wie der Vertragsverletzungsverfahren nach Artikel 258. Ein derartiges Vorgehen entspricht dem institutionellen Eigeninteresse der Kommission: Dadurch kann sie zwar nur etwas gegen Einzelaspekte unternehmen, ist dafür jedoch alleine verantwortlich und nicht auf Mehrheiten bei den Nationalregierungen angewiesen (Guasti/Mansfeldová 2013: 22).

Der Europäische Rat hingegen trat als Gremium gar nicht inhaltlich in Erscheinung. Sicherlich hatten die meisten Regierungsvertreterinnen und -vertreter Angst, durch ein Verfahren nach Artikel 7 in die Österreich-Falle zu treten und so Europaskeptikerinnen und -skeptikern zusätzlichen Auftrieb zu verliehen. Allerdings dürfte auch die Parteinähe der mehrheitlich konservativen Regierungschefs zur Fidesz stark zur Beißhemmung beigetragen haben, sodass öffentliche Kritik meist diplomatisch verpackt geäußert wurde – dies zeigt etwa der Kontrast zu den kritischen Äußerungen Merkels über die sozialistische Regierung in Rumänien (SPON: 15.7.2012). Weder Rat noch Kommission haben daher zu irgendeinem Zeitpunkt ernsthaft Artikel 7 in Erwägung gezogen (van Hüllen/Börzel 2013: 21). Die größte Einigkeit und Dynamik bewiesen beide Organe durch die Verweigerung der Verhandlungen über Finanzhilfen und zwischenzeitlichen Aussetzung der Mittel aus dem Kohäsionsfonds, um Änderungen in Ungarns Haushaltspolitik des verschuldeten Landes durchzusetzen. Zu diesem Zeitpunkt besaß die EU dadurch ein weiteres Mittel, das indirekt auch Auswirkungen auf die politische Handlungsfähigkeit entfalten konnten. Gleichzeitig unterstreicht der an dieser Stelle auftretende Aktionismus aber auch den sonstigen Widerwillen der Europäischen Staaten, in Zeiten der Euro-Krise eine zweite Front im Kampf um demokratische Grundwerte aufzumachen.

Am stärksten setzte sich das Parlament für ein härteres Vorgehen gegen Ungarn ein. Allerdings waren die partei-politischen Fronten in diesem Konflikt von Beginn an verhärtet, wobei tatsächlich die politische Nähe der Regierung in Ungarn entscheidender zu sein scheint als ein tatsächliches Interesse am Schutz der demokratischen Grundwerte (ebd.: 22). Das Parlament scheiterte damit trotz einiger Bemühungen daran, die durch den Vertrag von Lissabon und den Präventionsmechanismus neu erhaltenen Kompetenzen auch einzusetzen und damit dem eigenen Selbstverständnis als „Hüterin der Werte" (Norica Nicolai, EP-Debatte: 16.2.2012) zu entsprechen.

5.3.3 Output Cohesion

Output Cohesion kann in Form der erreichten Beschlüsse als Ergebnis aus dem Verhältnis von Wertekohärenz und prozedural-taktischer Kohärenz verstanden werden. Demzufolge wird hierbei die inhaltliche Übereinstimmung und EU-interne Umsetzung der verabredeten Maßnahmen untersucht. Auch bei nur mittlerer und geringer Handlungsfähigkeit in den beiden anderen *cohesion*-Kategorien haben die unterschiedlichen Gremien im Untersuchungszeitraum eine ganze Reihe von Beschlüssen und Positionen verabschiedet.

Im Fall des Mediengesetzes bestand der Output der Kommission vor allem in den Briefen der Kommissarin Neelie Kroes. In ihrem Brief vom Januar gab sie der ungarischen Regierung zwei Wochen Zeit, um zu den Vorwürfen bezüglich drei vermuteter Verstöße der EU-Richtlinie zu audiovisuellen Medien Stellung zu nehmen. Daraufhin zeigte sie sich mit den zugesagten Anpassungen in allen kritisierten Bereichen (Ausgewogenheit der Berichterstattung, Herkunftslandprinzip und Registrierungspflicht) einverstanden und kündigte ferner an, die versprochene Umsetzung in Ungarn eng zu begleiten (EP-Debatte: 16.2.2011). Das Parlament hingegen bekräftigte in seiner mit einfacher Mehrheit angenommen Resolution vom 10. März 2011 eine grundsätzliche Missbilligung der Beschränkung der Kommissionskritik auf drei Punkte. Es forderte zum einen die ungarische Regierung auf, die Unabhängigkeit der Medienverwaltung wiederherzustellen und staatliche Eingriffe in die Meinungsfreiheit sowie die Forderung nach „Ausgewogenheit in der Berichterstattung“ zu unterlassen. Zum anderen appellierte die Resolution an die Kommission, Ungarns Mediengesetz auf die Vereinbarkeit mit weiteren EU-Richtlinien zu überprüfen (EP: Media law in Hungary, 10.3.2011).

In der Parlamentsresolution vom 16. Februar 2012 beschäftigte sich das Parlament unter der Überschrift „Aktuelle politische Entwicklungen in Ungarn“ mit der neuen ungarischen Verfassung. Die Resolution äußerte schwere Bedenken über die Verfassungsänderungen und den Zustand der ungarischen Demokratie. Die Übergangsvorschriften mit Verfassungsrang und die generelle Praxis unnötiger Aufnahmen einfacher Gesetze in Verfassungsrang, wodurch sie nur durch Zwei-Drittel-Mehrheit geändert werden können, wurden konkret im Hinblick auf eine Reihe von Punkten kritisiert: Allein die Unabhängigkeit der Justiz sei gefährdet durch die Zwangspensionierung von Richterinnen und Richtern, das Recht von Verwaltungen Fälle nach individuellen Entscheidungen Gerichten zu zuteilen und durch die Entmachtung des Höchsten Gerichts, nachdem das Verfassungsgericht keine Gesetze mehr prüfen darf, in denen die Staatsfinanzen geregelt werden. Ferner seien auch die Unabhängigkeit der Zentralbank sowie jene des Datenschutzbeauftragten gefährdet. Der faire politische Wettbewerb und die Arbeit zukünftiger Regierungen seien durch ungewöhnlich lange Mandatszeiten von durch die Regierung benannten Amtsträgerinnen und Amtsträgern beeinträchtigt und die Religionsfreiheit durch ungewöhnlich hohe Registrierungsauflagen für Religionsgemeinschaften. Die Kommission wurde ferner dazu aufgefordert, die gesamte Verfassung auf Übereinstimmung mit den Verträgen zu prüfen. Besonders hervorgehoben wurden hierbei zusätzlich die Situation der Medienfreiheit und die Pläne für ein neues Wahlgesetz. Der Ausschuss des Parlaments für bürgerliche Freiheiten, Justiz und Inneres wurde zudem damit beauftragt, einen eigenen Bericht über die Lage der Grundrechte zu erstellen. Schließlich wurde der Rat dazu aufgerufen, ein Verfahren nach Artikel 7 Absatz 1 zu prüfen und festzustellen, ob eine eindeutige Gefahr für einen schwerwiegenden Verstoß gegen die Grundwerte vorlag. Letzteres hatte aufgrund der fehlenden Zwei-Drittel-Mehrheit lediglich Appellcharakter.

Da sie jedoch kein Verfahren nach Artikel 7 anstrebte, sah die Kommission lediglich in Bezug auf die Maßnahmen im Justizwesen, die Unabhängigkeit der Datenschutzbehörde und der Notenbank Handlungsbedarf bzw. eine Handhabe für einfache Vertragsverletzungsverfahren (Europäische Kommission: Pressemitteilung, 17.1.2012). Während die ungarische Regierung in der Frage der Notenbank einlenkte, kam es in den beiden anderen Fällen zur Klage. So klagte die Kommission Ungarn vor dem Europäischen Gerichtshof zum einen wegen Verstoß gegen das Gleichbehandlungsgebot durch die Zwangspensionierung von Richterinnen und Richtern, Staatsanwältinnen und Staatsanwälten und Notarinnen und Notaren an und zum anderen für die Eingriffe in die Unabhängigkeit des Datenbeauftragten durch vorzeitige Entlassung und die Möglichkeit zur willkürlichen Besetzung des Postens durch den Premierminister (Europäische Kommission: Pressemitteilung, 7.3.2012).

Beide Urteile des Gerichtshofs gaben der Kommission Recht und ließen Ungarn die Kosten tragen. Nachdem bereits im Juli das ungarische Verfassungsgericht die Herabsetzung des Rentenalters für Richterinnen und Richter als verfassungswidrig eingestuft hatte, war das Urteil des EuGH am 6. November 2012, wonach eine mit den verfolgten Zielen nicht zu rechtfertigende Ungleichbehandlung vorlag, eine Bestätigung dieser Einschätzung (EuGH: Rechtssache C-286/12). Das Urteil in der Frage des Datenschutzbeauftragten erging erst am 8. April 2014 und kam zu dem Schluss, dass Ungarn gegen seine Verpflichtungen aus den EU-Verträgen zum Schutz natürlicher Personen bei der Verarbeitung personenbezogener Daten und zum freien Datenverkehr verstoßen hatte, indem das Mandat des Datenschutzbeauftragten vorzeitig beendet wurde (EuGH: Rechtssache C-288/12).

Gemäß des Parlamentsbeschlusses vom 16.2.2012 legte der Berichterstatter für Ungarn, der Grüne Abgeordnete Rui Tavares, seinen Bericht über die Lage der Grundrechte in Ungarn vor, der zunächst im Innenausschuss und am 3. Juli 2013 schließlich im Parlament mit einfacher Mehrheit durch die linksliberalen Fraktionen verabschiedet wurde. Der Tavares-Bericht enthält eine umfassende Bestandsaufnahme und Bewertung der unterschiedlichen politischen Bereiche Ungarns unter den Gesichtspunkten der Grundwerte aus Artikel 2. Neben umfangreicher Kritik an den herrschenden Zuständen enthält der Bericht zahlreiche Forderungen an Ungarn sowie die europäischen Institutionen. Der Tavares Report geht damit weit über den Gegenstand der laufenden und abgeschlossenen Vertragsverletzungsverfahren der Kommission hinaus und behandelt folgende Bereiche: die neue Verfassung, die Gewaltenteilung, die Unabhängigkeit der Justiz, die jüngste Wahlreform, Medienpluralismus, Achtung der Grundrechte und Minderheitenrechte sowie die Religionsfreiheit.

Insgesamt kommt das Parlament darin zum Schluss, dass der von der Regierung Orbán mithilfe der Zwei-Drittel-Mehrheit vollzogene radikale Staatsumbau Demokratie und Rechtstaatlichkeit in Ungarn systematisch geschadet hat und „ist der Auffassung, dass dieser Trend, wenn er nicht rechtzeitig und angemessen korrigiert wird – auf ein eindeutiges Risiko einer schwerwiegenden Verletzung der in Artikel 2 EUV dargelegten Werte hinauslaufen wird“ (EP-Bericht: 24.6.2013, 32). Daher beschloss das Parlament, dass es selbst die Einsetzung eines Artikel 7 Verfahrens prüfen will (ebd.: 42). Während die Kommission u.a. dazu aufgefordert wurde, einen „Überwachungsmechanismus“ für die Grundwerte einzuführen und das eigene, 2003 dargelegte Verständnis von Artikel 7 auch umzusetzen oder sonst zu aktualisieren (ebd.: 34f.), richtete das Parlament einen klaren Appell an den Rat, seiner Verantwortung für die Einhaltung der Grundwerte in Europa nachzukommen anstatt passiv zu bleiben und sich als einzige Institution nicht zu äußern (ebd.: 33).

Die formale Antwort der Kommission auf den Parlamentsbeschluss zum Tavares-Bericht und die darin enthaltenen Empfehlungen für die Kommission wurde am 8. Oktober 2013 beschlossen. Hinsichtlich der Situation in Ungarn schildert die Kommission darin rückblickend, die bereits Ende Juni erreichten Vereinbarungen mit Ungarn. Demnach hatte sich Orbán nach einem Briefwechsel mit der Kommission dazu bereit erklärt, keine Sonderabgaben für EU-Geldbußen erheben zu wollen und die Verfassung entsprechend zu ändern. Auch in den Fällen der Wahlwerbung und bei der Zuweisung von Gerichten erklärte sich der ungarische Premierminister dazu bereit, den Anforderungen der EU zu entsprechen. Die Kommission kündigte an, die Entwicklungen weiterhin zu verfolgen, zeigte sich aber in Bezug auf die grundsätzlichen Fragen zur Rechtsstaatlichkeit optimistisch, dass Ungarn die Empfehlungen der Kommission und des Europarats beherzige (European Commission: 8.10.2013).

Der Grad der Handlungsfähigkeit der EU im Konflikt mit Ungarn für *output cohesion* kann nur knapp über *gering* eingeordnet werden. Die Kommission und das Parlament weichen in ihren Beschlüssen zu weit voneinander ab, um als EU mit einer Stimme zu sprechen. Während die Kommission in ihren Stellungnahmen versucht, kleinteilig mit Richtlinienverstößen anzusetzen und etwa in Fällen vermuteter politisch motivierter Eingriffe in die Justiz nicht mit Klagen wegen Verletzungen der demokratischen Grundwerte, sondern aufgrund von Altersdiskriminierung vorgeht, ist die Parlamentsmehrheit bemüht, das große Ganze nicht aus dem Blick zu verlieren. So bietet der Tavares-Bericht in der Tat eine fundierte Einschätzung über die Situation der Grundrechte in Ungarn. Die Beschlüsse für ein Prüfverfahren nach Artikel 7 bleiben allerdings wirkungslos. Der Grund dafür, dass die Handlungsfähigkeit nicht ganz den möglichen Tiefstwert erhält, liegt darin, dass sich die Einschätzungen von Kommission und Parlament in der inhaltlichen Beurteilung selten gänzlich widersprechen. Dort wo die Kommission Bedenken an Handlungen der ungarischen Regierung hegt, teilen die Abgeordneten zumeist ihre Meinung oder plädieren allenfalls für eine weitergehende Kritik.

5.4 Opportunity

Ob der aus Authority und Cohesion erreichte Grad der Handlungsfähigkeit für die EU ausreicht, um effektiv zu sein, entscheidet sich an den Opportunitätsstrukturen, die den situativen Kontext prägen. Hierbei liegt der Fokus auf der Situation im betreffenden Mitgliedstaat, dem ein Fehlverhalten vorgeworfen wird, um Faktoren zu analysieren, die das Handeln der EU entweder befördern oder beeinträchtigen.

5.4.1 Intensity of Violation

Mit zunehmender Schwere des Verstoßes gegen demokratische Prinzipien steigt der Handlungsdruck auf die EU und macht ein Eingreifen wahrscheinlicher. Nicht zuletzt aufgrund der Uneinigkeit der EU-Institutionen über die Schwere der Verstöße bedarf es einer eingehenderen Analyse, um festzustellen, ob und inwiefern Ungarn unter Orbán demokratische Prinzipien verletzt.

Der Bertelsmann Transformations Index zeigt ein eindeutig negatives Bild über die Entwicklung der ungarischen Demokratie in den letzten Jahren. Zwischen 2010 und 2014 hat sich Ungarn demnach in mehreren zentralen Bereichen deutlich verschlechtert und ist im Ranking zur politischen Transformation der 128 vom BTI erfassten Staaten von Platz 10 auf 21 gefallen (BTI 2010; BTI 2012; BTI 2014). Besonders auffällige Negativtrends finden sich als Folge des Mediengesetzes und der Verfassungsreformen in den Bewertungen zu Meinungsfreiheit, Gewaltenteilung und Unabhängigkeit der Justiz. Hinsichtlich der Meinungsfreiheit werden die Machtfülle der Medienbehörde und des regierungsnahen Medienrats als undemokratisch bezeichnet. Auch nach den durch die EU erreichten Veränderungen und einem ungarischen Verfassungsgerichtsurteil, das den Informantenschutz in Presse und Internet stärkt, wird die Zusammenlegung der Kontrollstellen für Medieninhalte und Marktzugang unter einem Dach als gefährlich kritisiert. Als Beispiel wird auf den ungewissen Existenzkampf um eine Lizenz des letztverbliebenen Oppositionssenders Klubradio verwiesen (BTI 2014: 7). Entlassungswellen unter Journalistinnen und Journalisten, Sendeentzug für Radiosender sowie drohende Geldbußen der Medienbehörde haben zudem für ein Klima der Selbstzensur unter Journalistinnen und Journalisten gesorgt (Interview Engels, 12.12.2014). Ähnliches betrifft auch die Zivilgesellschaft. So müssen Nichtregierungsorganisationen (NGOs) Repressalien befürchten, wenn ihnen aus Sicht der Behörden politisch unliebsame Aktivitäten vorgeworfen werden können (Interview Mack, 11.12.2014). Aus Protest über derartige Maßnahmen hatte Norwegen für Gelder aus dem Norway Grant, einem Strukturfonds bei dem Ungarn zu den größten Empfängern zählt, einen Vergabestopp für Mittel nach Ungarn erklärt (FAZ: 11.6.2014, 5).

Die Veränderungen im Mediengesetz oder der Umgang mit NGOs sind jedoch nur Einzelaspekte einer allgemeinen Entwicklung: Die Fidesz-Regierung betreibt seit ihrer Machtübernahme mithilfe ihrer Zwei-Drittel-Mehrheit binnen kürzester Zeit einen radikalen Staatsumbau und eine gezielte Demontage demokratischer Institutionen, um die eigene Machtbasis auch über die Legislaturperiode und einen Regierungswechsel hinaus zu sichern (Scheppele 2013: 560f.). Sowohl der BTI-Report (2014: 8) als auch der Tavares-Bericht (EP-Bericht: 24.6.2013, 12f.) beklagen den Missbrauch der Kardinalsgesetze, durch den zahlreiche einfache Regeln zukünftig nur mit Zwei-Drittel-Mehrheit geändert werden können. Dies zeigt ebenso die Ignoranz gegenüber der schwachen Opposition wie das enorme Tempo mit dem mittlerweile hunderte von Gesetzen oftmals über Nacht in Schnellverfahren eingebracht und beschlossen wurden (Interview Engels, 12.12.2014). Auch jenseits des Parlaments ist die Regierung bestrebt, ihren Einfluss in allen gesellschaftlichen Bereichen langfristig durch vom Premierminister ernannte Anhängerinnen und Anhänger zu sichern – von der Datenschutzbehörde bis zur nationalen Kunst- und Kulturszene (Scheppele 2013: 561).

Die deutlichste Manifestation dieses umfassenden Machtanspruchs ist jedoch die neue Verfassung, die ebenfalls in Rekordzeit, ohne einen gesellschaftlichen Diskussionsprozess oder eine verfassungsgebende Versammlung und nur mit den Stimmen der Fidesz-Abgeordneten verabschiedet wurde (SZ: 18.4.2011, 11). Bereits die Präambel der Verfassung ist umstritten, die als „nationales Glaubensbekenntnis“ mit ihren historisch-nationalistischen Bezügen auf Gott und Nationalstolz zukünftig auch als Grundlage bei der Auslegung von Gesetzen dienen soll (SPON: 1.6.2012). Eine Liste weiterer Verfassungsbestimmungen hat Besorgnis hervorgerufen, etwa die exklusive Definition des Familienbegriffs, die unklaren und damit der Willkür offenen Kriterien für eine Anerkennung als Religionsgemeinschaft oder das Verbot, die „Würde der ungarischen Nation“ zu verletzen (Venice Commission: 17.6.2013, 31). Doch das Kernproblem mit Ungarns neuer Verfassung und deren vierter Änderung ist die Aushebelung der Gewaltenteilung durch die schleichende Entmachtung des Verfassungsgerichts, das nunmehr weder finanzpolitische Entscheidungen noch Bestandteile der Verfassung prüfen darf und neue Gesetze lediglich auf ihr formal korrektes Entstehen und nicht mehr auf ihren Inhalt kontrollieren soll (ebd.; van Hüllen/Börzel 2013: 21). Die Verschiebung der Machtverhältnisse zu Gunsten der Exekutive vollzog sich in vielen kleinen Schritten, deren einzelne Bestimmungen jeweils gar nicht problematisch sein müssen. Zudem war Ungarns Regierung stets gut vorbereitet, um Kritik mit Verweisen auf andere EU-Mitgliedstaaten zu kontern, in denen es die eine oder andere Regelung in ähnlicher Form gibt. Das gesamte Ausmaß des Staatsumbaus und der Beeinträchtigung von Demokratie und Rechtsstaatlichkeit mit dem Zweck der Machtsicherung für die Fidesz-Regierung ergibt sich daher erst aus dem Gesamtbild. Scheppele bezeichnet das Ergebnis als einen „Frankenstate" (2013: 560), in dem viele an und für sich gewöhnliche Einzelteile in grotesker Weise zusammengefügt werden, obwohl sie nicht zusammen passen. Das Resultat ist ein Frankenstate mit aus dem Gleichgewicht geratenen Gewalten und einer unangefochtenen Ein-Parteien-Regierung, deren Chef ganz offen über die Vorzüge „illiberaler Demokratien" spricht (SZ: 29. Juli 2014, 8).

Auch wachsender Antisemitismus und Antiziganismus in Ungarn geben Anlass zur Besorgnis. Orbán grenzt sich zwar stets in seinen Äußerungen von Parolen der rechtsradikalen Partei Jobbik (Bewegung für ein besseres Ungarn) ab, zahlreiche Fidesz-Funktionäre fallen jedoch immer wieder mit antisemitischen Aussagen auf. Die offizielle ungarische Geschichtspolitik wurde bereits von USA und Israel mehrfach für Geschichtsrevisionismus kritisiert sowie dafür, die ungarische Mittäterschaft am Holocaust zu leugnen (SPON: 25.6.2012; FAZ: 24.4.2014, 5).

In ihrer Gesamtheit ergeben die Entwicklungen in Ungarn in der Kategorie *intensity of violation* durch die Eindeutigkeit der Verstöße einen *mittleren bis starken* Grad der Handlungsfähigkeit für die EU. Viele der Einzelmaßnahmen sprechen zwar nur für einen Mangel an demokratischer Kultur und einen zweifelhaften Umgang mit demokratischen Prinzipien und die Maßnahmen geschehen grundsätzlich mit den Instrumenten des Rechtsstaats – allerdings werden diese notfalls so oft verändert, bis die Gesetzeslage für die beabsichtigten Vorhaben passt. Ein systematischer Staatsumbau in dieser Form kann somit weder als zweifelhafter, noch als ausschließlich schwacher Verstoß gewertet werden. Ja, Ungarn ist weiterhin eine Demokratie und zahlreiche einzelne Maßnahmen der ungarischen Regierung bewegen sich in einer rechtlichen Grauzone (Interview Langer, 9.12.2014). Doch Victor Orbán und das autokratische Gebaren seiner Fidesz-Regierung haben ein ökonomisches Defizit in ein Demokratiedefizit verwandelt und bedrohen damit die europäischen Grundwerte (BTI 2014: 2; von Bogdandy/Ioannidis 2014: 286).

5.4.2 Actorness of Member State

Nach der intensiven Auseinandersetzung mit der Handlungsfähigkeit der EU und der Schwere der Verstöße gilt es nun, die Handlungsfähigkeit Ungarns im Konflikt mit der Union anhand der *domestic actor constellation* und der *socio-economic situation* zu beleuchten.

5.4.2.1 Domestic Actor Constellation

Seine furiose Wiederwahl bezeichnete Orbán 2010 als „Revolution in den Wahlkabinen“ (SPON: 17.1.2011), die er als Auftrag verstand, Ungarns nationale Souveränität endlich – in seinem nationalkonservativen Geschichtsbild erstmals seit der Zwischenkriegszeit im 20. Jahrhundert – wieder völlig herzustellen (Bozoki 2012: 5). In der Tat besitzt Orbáns Fidesz seit den Parlamentswahlen am 11. April 2010 eine starke Legitimation. Mit 52,7 Prozent der Stimmen löste Fidesz die bis dato regierende Sozialistische Partei (MSZP) ab, die mit lediglich 19,2 Prozent nur knapp die Hälfte der Stimmen im Vergleich zur letzten Wahl bekam. Mit 16,7 Prozent drittstärkste Kraft wurde die rechtsextreme Partei Jobbik, gefolgt von der links-ökologischen Partei "Politik kann anders sein" (LMP), die mit 7,4 Prozent erstmals ins Parlament einzog. Bestimmt durch das ungarische Wahlsystem reichte dieses Ergebnis für Fidesz aus, im Parlament mehr als 2/3 der Sitze zu erlangen: Von den 386 Sitzen erhielt Fidesz 263, bereits 258 Sitze hätten für die Zwei-Drittel-Mehrheit ausgereicht (Batory 2010: 7f.). Einschränkend muss dabei erwähnt werden, dass angesichts der Wahlbeteiligung von 64 Prozent insgesamt nur 34 Prozent der Wahlberechtigten für Fidesz stimmten (Scheppele 2013: 560).

Mit der Zwei-Drittel-Mehrheit im Parlament änderte die Regierung 2011 das Wahlsystem zu Gunsten ihrer eigenen Partei – auch wenn die Pflicht zur Wahlregistrierung und das Verbot freiwilliger und kostenloser Wahlwerbung in privaten Medien vom ungarischen Verfassungsgericht als verfassungswidrig kassiert wurden (BTI 2014: 6). Neben einer Verkleinerung des Parlaments um fast die Hälfte auf 199 Sitze wurden die Wahlbezirke neu zugeschnitten und das Mehrheitswahlrecht gestärkt (Interview Mack, 11.12.2014) So konnte Fidesz 2014 trotz prozentualer Einbußen und „nur“ noch rund 44 Prozent der Stimmen dennoch 133 der 199 Mandate erlangen, was aufgrund der veränderten Bedingungen genügte, um die Zwei-Drittel-Mehrheit zu behaupten (SPON: 7.4.2014). Jobbik konnte das Ergebnis im Vergleich zu 2010 nochmal um vier Prozent verbessern und erzielte rund 21 Prozent. Das von der Sozialistischen Partei (MSZP) Mitte-Links-Bündnis von fünf Parteien erhielt knapp 26 Prozent, die LMP schaffte den Wiedereinzug mit knapp über 5 Prozent. Vorausgegangen waren monatelange Streitereien um den Führungsanspruch innerhalb der links-liberalen Parteien (ebd.). Mitentscheidend für die politische Stärke der Fidesz ist somit die Schwäche und Uneinigkeit der Opposition. Ebenso bedeutend für den anhaltenden Wahlerfolg der Orbán-Regierung ist allerdings der Zusammenhang zwischen ihrer parlamentarischen Mehrheit und der Art und Weise, wie sie diese einsetzt, um die eigene Macht noch weiter auszubauen und die selbst ausgerufene Revolution abzusichern – womit im Fall Ungarn ein direkter Bezug zwischen der eigenen Handlungsfähigkeit und der Verstöße gegen die demokratischen Prinzipien besteht (s. Kap. 5.4.1).

Das betrifft insbesondere die Schwächung der gegenseitigen Kontrolle zwischen den Gewalten im politischen System. Aufgrund der irrelevanten parlamentarischen Opposition und regierungstreuen Staatspräsidenten (BTI 2014: 13) kam dem Verfassungsgericht als einzig ernsthafte Kontrollinstanz eine besondere Bedeutung zu. Dieses war zwar nach der Regierungsübernahme zum Teil mit neuen, Fidesz-nahen Richtern besetzt worden, erwies sich aber dennoch als kritisch und erklärte diverse Gesetzgebungsvorhaben bzw. beschlossene Gesetze der Regierung Orbán für verfassungswidrig (Die ZEIT: 14.3.2013, 12). So kippte es am 15. Februar 2011 ein Gesetz, nach dem öffentliche Bedienstete und Beamtinnen und Beamte jederzeit ohne Begründung entlassen werden können (SZ: 16.2.2011, 7). Im Mai 2011 erklärte es die nachträgliche Besteuerung von Abfindungen für verfassungswidrig (FAZ: 7.5.2011, 6). Im Dezember 2011 setzte das Verfassungsgericht Teile des Mediengesetzes außer Kraft wegen Einschränkungen der Pressefreiheit und stärkte den Informantenschutz (SZ: 21.12.2011, 15). Bereits vor dem Urteil des EuGH zur Herabsetzung des Rentenalters von Richterinnen und Richtern von 70 auf 62 Jahre hatte das ungarische Verfassungsgericht dieses im Juli 2012 ebenfalls für verfassungswidrig befunden (FAZ: 18.7.2012, 6; SPON: 16.7.2012). Im Januar 2013 kassierte es die bereits erwähnten Teile des neuen Wahlgesetzes (EP-Bericht: 24.6.2013, 15) und im Februar 2013 auch die Registrierung von Religionsgemeinschaften (FAZ: 27.2.2013, 5).

Gleichzeitig war auch das Oberste Gericht immer wieder Ziel von Gesetzesänderungen, die seine Macht einschränken sollten (s. Kap. 5.3.2; Kap. 5.4.1). So wurde im Zuge der Verfassungsänderung 2011 das Verfassungsgericht in seiner Kompetenz, Haushalts- und Steuergesetze zu kontrollieren, eingeschränkt (Die ZEIT: 24.3.2011, 15) und seit der vierten Verfassungsänderung darf es Gesetze nicht mehr inhaltlich sondern nur formal auf den Gesetzgebungsprozess hin prüfen (s. Kap. 5.3.2; Kap. 5.4.1; SZ: 13.3.2013, 7).

Trotz der schwachen Opposition im Parlament war die Politik der Orbán-Regierung nicht nur international in der Kritik, sondern auch immer wieder in Ungarn von zivilgesellschaftlichen Protesten begleitet. Der Protest gegen das Mediengesetz ging zu Beginn 2011 von einigen Medien aus, schien anfangs aber nur bedingt auf Resonanz und Solidarität zu stoßen. Die linksliberalen Tageszeitungen „Népszabadság" und „Népszava" prangerten auf ihren Titelseiten die Aufhebung der Pressefreiheit an (FAZ: 7.1.2011, 2). Später im Januar kam es zu den ersten Demonstrationen vor dem ungarischen Parlament mit mehreren Tausend Menschen (SZ: 15.1.2011, 8). Die Proteste steigerten sich allerdings das Jahr über und die Protestbewegung „Eine Million gegen das Mediengesetz“ schaffte es im Oktober 2011 immerhin 70.000 Menschen in Budapest zu einer Demonstration zu mobilisieren (Bozoki 2012: 7). Ab Januar des Folgejahres protestierten Zehntausende gegen die neue Verfassung und forderten Orbáns Rücktritt (SPON: 3.1.2012). Im Verlauf des Jahres wuchs die Protestbewegung weiter und der Rückhalt Orbáns in der Bevölkerung schien in Umfragen zu schwinden (FAZ: 18.1.2012, 2). Auch im Zuge der vierten Verfassungsänderung demonstrierten erneut Tausende vor dem ungarischen Parlament (SPON: 11.3.2013).

Der Protest von der Straße hatte allerdings meist nur geringe Auswirkungen. Ein sichtbares Ergebnis brachten die 2012 und 2013 stattfindenden Studierendenproteste gegen ein Gesetz, nach dem diejenigen ein kostenloses Studium aufnehmen konnten, die sich dazu verpflichten, danach in Ungarn zu bleiben. Hier erzielte Orbán eine Einigung, indem er an einem Runden Tisch eine Flexibilisierung des Gesetzes ausarbeitete (FAZ: 20.4.2013, 5). Nicht zuletzt aufgrund der Zerstrittenheit der Opposition und dem Mangel an einer tatsächlichen Wahlalternative konnte sich jedoch keine der Protestwellen in Wählerstimmen umschlagen lassen. Die Sozialisten sind nach ihren skandalösen Regierungsjahren unwählbar für die meisten Ungarinnen und Ungarn, die anderen Parteien sind entweder zu klein und unbekannt oder es handelt sich um die rechtsradikale Jobbik, die zwar über ein erschreckend hohes Wähler(innen)potential verfügt, längst aber nicht für die meisten Ungarinnen und Ungarn wählbar ist. Zudem gelang es auch der Regierung immer wieder, Massen für ihre eigene Politik auf die Straße zu bringen (Interview Langer, 9.12.2014). Allerdings kommen Oppositionsbewegungen in der nationalen Berichterstattung – eine Auswirkung des Mediengesetzes – kaum vor (Bozoki 2012: 7). Anders etwa als Orbáns Konflikte mit der EU. In diesen geriert sich der Premierminister allerdings weiterhin als ungarischer Freiheitskämpfer, der die nationale Souveränität verteidigt und mal mehr, mal weniger explizit Parallelen zwischen der ehemaligen Sowjetunion und dem vermeintlichen Bestreben der EU zieht, Ungarn seine Politik vorzuschreiben. Kritik an Orbáns Politik ist in diesem Verständnis gleichzusetzen mit einem Angriff auf das ungarische Volk (Interview Langer, 9.12.2014; Interview Engels, 12.12.2014). So erklärte Orbán in ungarischen Medien vor seinem Auftritt im EU-Parlament, Ungarns Ehre verteidigen zu müssen (FAZ: 19.1.2012, 1). Umso dreister sind die – mittlerweile gescheiterten – Regierungspläne einer Sonderabgabe in der Bevölkerung im Fall von EU-Geldbußen für Vertragsverletzungen zu bewerten.

5.4.2.2 Socio-Economic Situation

Dem Kriterium *socio-economic situation* liegt die Annahme zugrunde, dass bei – wie in Ungarn der Fall – großem *misfit* zwischen EU-Vorgaben und nationaler Umsetzung die Erfolgsaussichten der EU am größten sind, wenn im betreffenden Mitgliedstaat gleichzeitig eine ökonomische Krisensituation vorliegt. Demnach ist die soziale und wirtschaftliche Lage im Land für die ungarische Regierung auch angesichts dieser aus ihrer Sicht günstigen Akteurskonstellation entscheidend für ihre Handlungsfähigkeit. Anders ausgedrückt: Solange es keine ernsthafte Opposition gibt, hängt der Rückhalt in der Bevölkerung für Fidesz vor allem davon ab, inwiefern es ihnen gelingt, die eigenen Versprechen für die wirtschaftliche Entwicklung und sozialen Wohlstand zumindest ansatzweise zu halten (Interview Engels, 12.12.2014).

Ungarn wurde von der Finanzkrise 2008 besonders hart getroffen und war das erste EU Land, dass nach dem Zusammenbruch der New Yorker Bank Lehman Brothers im Oktober 2008 Hilfskredite im Umfang von über 20 Milliarden Euro benötigte, um einen Staatsbankrott abzuwenden. Ein hohes Staatsdefizit bei geringer wirtschaftlicher Leistung bestand bereits vor der Krise, wurde aber kaum mit politischen Maßnahmen adressiert, bis die Auflagen der Kreditgeber IWF, Weltbank und EU starke Sparmaßnahmen vorsahen (FAZ: 12.2.2010, 2). Bei der Regierungsübernahme von Orbán und Fidesz 2010 war die Gefahr der Staatspleite noch nicht abgewandt. Zu den ersten beschlossenen Maßnahmen der neugewählten Regierung zählte eine Senkung der Einkommenssteuer – die sogenannte flat tax – auf 16 Prozent zur Stimulierung des Wirtschaftswachstums und um die geweckten Erwartungen in der Bevölkerung zu befriedigen. Um das daraus entstandene Haushaltsloch auszugleichen, war die Regierung jedoch gezwungen zahlreiche „Krisensteuern" oder Sonderabgaben zu erheben (BTI 2014: 2), von denen einige nur für einzelne wirtschaftliche Bereiche gelten sollten und vor allem ausländische Unternehmen trafen (Die ZEIT: 5.1.2011, 23). Letzteres führte zu Spannungen mit dem IWF und einem zeitweisen Aussetzen der Gespräche durch den IWF (SPON: 26.11.2011). Weitere erhebliche Steuererhöhungen auf Spiel, Tabak, Alkohol und Dieselkraftstoff folgen im September 2011 (FAZ: 8.9.2011, 6). Die beschlossenen Maßnahmen konnten jedoch nicht abwenden, dass sich das Land im November 2011 kurz vor dem Staatsbankrott sah und bei IWF und EU erneut Hilfskredite beantragen musste (FAZ: 19.12.2011, 2).

Als Reaktion auf die mit der neuen Verfassung geplante Reform der Zentral- und Notenbank brachen die EU-Kommission und IWF allerdings die Gespräche mit Ungarn ab und nahmen sie erst im April 2012 wieder auf, nachdem die EU die Unabhängigkeit der Zentralbank gesichert sah und ein entsprechendes Vertragsverletzungsverfahren abgewendet war (s. Kap. 5.3.2). Mehr oder minder zeitgleich hatten die EU Finanzministerinnen und -minister auf Empfehlung der Kommission (COM(2012)75/F1 – DE) beschlossen, Mittel in Höhe von knapp 500 Millionen Euro aus dem Kohäsionsfonds einzufrieren, wenn nicht innerhalb weniger Monate ein überzeugendes Konzept zur Haushaltskonsolidierung vorgelegt werde (Europäischer Rat: Beschluss, 13. März 2012). Mit dem Beschluss über die Aussetzung der Gelder aus dem Kohäsionsfonds richtete der Rat eine geänderte Empfehlung nach Artikel 126 Absatz 7 AEUV an Ungarn zur Ergreifung weiterer Maßnahmen gegen das übermäßige Defizit mit einer Fristsetzung bis Ende 2012. Ein Vorschlag für entsprechende Maßnahmen erreichte die EU am 12. April 2012 und wurde vom Rat als im Einklang mit seinen Empfehlungen befunden, sodass er im Juni 2012 die Aufhebung seines Beschlusses zur Aussetzung der Mittel verabschiedete (Europäischer Rat: Beschluss, 4. Juni 2012).

Im Zuge der ökonomischen Krise und der ungewöhnlichen Mischung aus protektionistischer und neoliberaler Wirtschaftspolitik ist sowohl eine Erosion der Mittelschicht als auch ein deutlicher Anstieg der von Armut gefährdeten Bevölkerungsgruppen zu beobachten (BTI 2014: 3). Während der Bevölkerungsanteil der Mittelschicht seit 2010 um 30 Prozent geschrumpft ist und die Mittelschicht weiterhin vom eigenen Abrutschen bedroht ist (ebd.), wächst laut EU-Kommission die Zahl derjenigen stetig, die von Armut oder sozialer Ausgrenzung bedroht sind. Sie beträgt zurzeit etwa ein Drittel der Gesamtbevölkerung, wobei insbesondere Roma und Kinder besonders betroffen sind (COM(2014) 418 final: 6). Die Erwerbslosenquote befand sich seit 2010 durchgängig im zweistelligen Bereich. Während sie 2009 noch bei rund 8 Prozent lag, liegt sie seit 2010 zwischen 10,9 und 11,5 Prozent (ebd.). Ungarn hat im europäischen Vergleich außerdem eine niedrige Beschäftigungsquote von unter 60 Prozent bei Frauen (SWD(2013) 367 final: 52). Die Jugendarbeitslosigkeit (Alter zwischen 15 und 24 Jahre) betrug 2010 26,6 Prozent, 2011 26,1 Prozent und 2012 28,1 Prozent (ebd.). Um angesichts des ausbleibenden Aufschwungs dennoch die breite Unterstützung in der Bevölkerung zu erhalten, hat die Fidesz-Regierung dafür gesorgt, dass die Wohnnebenkosten mehrfach vor Wahlen gesenkt wurden und dies breit propagiert (Interview Engels: 12.12.2014; Interview Langer: 9.12.2014).

Die Untersuchung der *actorness of member state* hat gezeigt, dass die ungarische Regierung angesichts der einerseits für sie günstigen Akteurskonstellation und andererseits bei der anhaltenden wirtschaftlich problematischen Lage über eine mittlere Handlungsfähigkeit verfügt. Dies bedeutet in diesem Bereich auch einen *mittleren* Grad für die EU gegenüber Ungarn. Im Bereich domestic actor constellation wurde der einzig ernsthafte Akteur mit Potential zum Veto-Spieler für die Fidesz-Regierung durch die Verfassungsänderungen erheblich geschwächt. Die immer wieder auftauchenden Proteste in der Bevölkerung gegen Orbáns Politik konnten bisher nicht genügend Kontinuität aufweisen, geschweige denn sich auch im politischen Parteienwettbewerb ausdrücken. Die größte innenpolitische Herausforderung für die Regierung ist angesichts ihrer Dominanz die sozio-ökonomische Entwicklung. Die Annahme, dass die EU hierbei über das größte Potential verfügt, wenn es sich um eine Krisensituation handelt, hat sich durch Orbáns Einlenken in den Verhandlungen um Finanzhilfen und bei der Einfrierung der Kohäsionsfondsmittel bestätigt – allerdings muss die EU dies direkt als Druckmittel einsetzen, um Wirkung zu entfalten.

5.5 Bewertung: Handlungsfähigkeit und Effektivität

Diese Arbeit hat das Ziel, die Handlungsfähigkeit und Effektivität der EU im Konflikt mit Mitgliedstaaten zu bewerten, die demokratische Prinzipien verletzen. Dies wurde in den voranstehenden Abschnitten für das Beispiel Ungarn eingehend untersucht. Im Vergleich zum „Fall Österreich" handelt es sich dabei nicht nur um eine andere politische Konstellation und entsprechend unterschiedliche Opportunitätsstrukturen. Der noch immer nicht abgeschlossene Konflikt mit der Orbán-Regierung findet zudem unter veränderten juristischen Voraussetzungen statt. Zwar fällt *authority* auch unter den Bedingungen des Lissabon-Vertrags insgesamt in den Bereich der mittleren Handlungsfähigkeit. Innerhalb der einzelnen Kategorien sind jedoch zwei Verbesserungen festzustellen. Die leichte Verbesserung bei der Wertedefinition geht zum einen auf die prominentere Positionierung der Grundwerte in Artikel 2 zurück, die eine zusätzliche Aufwertung bedeutet. Zum anderen wurde der Grundwertekatalog im EU-Vertrag sowie durch die Grundrechtecharta präzisiert. Der bedeutendere Ausbau der Handlungsfähigkeit bei den rechtlichen Kompetenzen der EU betrifft jedoch die *enforcement structure*. Der umfassende, auch den Zuständigkeitsbereich der Mitgliedstaaten betreffende Geltungsanspruch von Artikel 7 EUV sowie die Erweiterung seiner Anwendungsmöglichkeiten durch die Ergänzung eines Präventionsmechanismus sorgen dafür, dass die Werthaftigkeit der EU durch eine entsprechende Wehrhaftigkeit gestützt wird.

Die entscheidende Schwachstelle im internen Demokratieschutz der EU offenbart jedoch der vergleichsweise niedrige Grad der Handlungsfähigkeit bei *clarity of competences*. Dieser beruht auf der unzureichenden Definition, wann ein Grundwerteverstoß als „schwerwiegend und anhaltend" gilt oder wann eine „eindeutige Gefahr" für eine derartige Verletzung vorliegt. Doch nicht nur dieser große politische Ermessenspielraum, sondern vielmehr die Tatsache, dass die Entscheidungsmacht darüber in der Hand der Staats- und Regierungschefs liegt, die sich zudem einstimmig äußern müssen, setzt die Hürden für eine tatsächliche Nutzung von Artikel 7 sehr hoch.

Die Mitglieder des Rates folgen dem Glashausprinzip. Aus Angst, selbst einmal in den Fokus von Artikel 7 zu geraten, sind sie kaum bereit dazu, die „nukleare Option" gegen ein anderes Land einzusetzen. Dies hat sich im Konflikt mit Ungarn und der Untersuchung der Kohärenz im Agieren der EU deutlich gezeigt. Der Rat ist die einzige EU-Institution, die Ungarn nicht für seinen Umgang mit demokratischen Prinzipien kritisiert hat, auch wenn vereinzelte Regierungsvertreterinnen und -vertreter immer wieder öffentliche Mahnungen nach Budapest sandten. So fällt denn, während das geschlossene Vorgehen der Mitgliedstaaten entscheidend für das Zustandekommen der Sanktionen gegen Österreich war, die Bewertung für *cohesion* der EU gegenüber Ungarn als eher gering aus.

Am stärksten schnitt die EU dabei noch im Bereich *value cohesion* ab. Parlament und Kommission zeigten in ihren Einlassungen zu Ungarn stets einen deutlichen Wertebezug. Da diese im Fall der Kommission jedoch gerade zu Beginn des Konflikts nur abstrakt als bedeutende Prinzipien hervorgehoben wurden, das Parlament die Vorgänge in Ungarn hingegen direkt als Werteverletzungen brandmarkte, offenbarten sich hier bereits unterschiedliche Haltungen. Diese deutlichen Differenzen haben sich im Streit über das richtige taktische Vorgehen und in uneinheitlichen Beschlüssen fortgesetzt, was die geringen Bewertungen der Handlungsfähigkeit in der *procedural-tactical* sowie der *output cohesion* erklärt.

Weder Rat noch Kommission haben zu irgendeinem Zeitpunkt ernsthaft Artikel 7 in Erwägung gezogen. Die Umsetzung der Forderungen des Parlaments danach, ein solches Verfahren einzuleiten, scheiterte an parteipolitischen Grabenkämpfen zwischen den links-liberalen und den konservativen Fraktionen. Insbesondere die EVP-Fraktion ließ zumindest in der Öffentlichkeit kaum Kritik auf ihre Parteifreunde in der ungarischen Regierung kommen – eine Parallele zum „Fall Österreich". Die Kommission wiederum setzte auf einfache Vertragsverletzungsverfahren nach Artikel 258 AEUV, in denen sie als Hüterin der Verträge die Verfahrenshoheit besitzt und nicht auf die Zustimmung der Mitgliedstaaten angewiesen ist, und hatte damit zumindest mit den zwei eingereichten Klagen vor dem EuGH auch Erfolg.

Die interne Handlungsfähigkeit der EU gegenüber dem „Fall Österreich" hat sich somit im Bereich *authority* durch die Vertragsveränderungen verbessert und in Bezug auf *cohesion* durch die Lehren aus der Haider-Affäre verschlechtert. Den EU-Institutionen ist es kaum gelungen, mit einer Stimme zu sprechen. Die Opportunitätsstrukturen hingegen bieten für sich betrachtet günstigere Voraussetzungen für ein Eingreifen der EU, was in erster Linie auf die Deutlichkeit des Demokratiedefizits und die Schwere der *intensity of violation* zurückzuführen ist. Diese ergibt sich aus der Zielstrebigkeit der Fidesz-Regierung, die Zwei-Drittel-Mehrheit im Parlament für einen radikalen Staatsumbau zu nutzen, der die eigene Macht langfristig sichern soll. Spätestens seit der Beschränkung des Verfassungsgerichts bedeutet dies eine unangefochtene Machtposition innerhalb der *domestic actor constellation*, die sich auf nahezu alle gesellschaftlichen Bereiche erstreckt. Aus dieser Stellung heraus schreckt das Orbán-Regime bei der Vollendung seiner selbst deklarierten nationalkonservativen Revolution weder vor Eingriffen in die Unabhängigkeit der Justiz oder in die Medien- und Meinungsfreiheit, noch vor der Aushebelung der Gewaltenteilung zurück. Insgesamt besitzt jedoch auch Ungarn, wie Österreich um die Jahrtausendwende, nur eine mittlere Handlungsfähigkeit, was an der dramatischen wirtschaftlichen Lage liegt. Die krisenhafte *socio-economic situation* bot denn auch zeitweise den stärksten Ansatzpunkt für die EU, um Druck auf das renitente Mitglied auszuüben.

Aufbauend auf dieser Analyse der Handlungsfähigkeit muss in Hinblick auf die Frage der Zielerreichung zunächst festgestellt werden, dass es der EU im Konflikt mit Ungarn nicht gelungen ist, die Verstöße gegen die eigenen Grundwerte aus Artikel 2 EUV zu beseitigen. Zwar hat die EU durch ihr Eingreifen zahlreiche Zugeständnisse erwirkt, vor allem die konkreten Forderungen der Kommission wurden erfüllt. Dennoch fällt die *Effektivität* der EU im

Umgang mit den Verstößen gegen demokratische Prinzipien wie im „Fall Österreich" auch gegenüber Ungarn gering aus.

			Grad der Handlungsfähigkeit		
			Stark	Mittel	Gering
Dimensionen der Handlungsfähigkeit	Authority	*Value Definition*		X	
		Enforcement Structure	X		
		Clarity of Competences		X	
	Cohesion	*Value Cohesion*		X	
		Procedural-tactical Cohesion			X
		Output Cohesion			X
	Opportunity	*Intensity of Violation*		X	
		Handlungsfähigkeit Mitgliedstaat		X	
Effektivität					X

Tabelle 2 EU-Handlungsfähigkeit im Konflikt mit Ungarn

Im Fall des Mediengesetzes monierte die EU drei Punkte, die aus ihrer Sicht gegen die Richtlinie für audiovisuelle Medien verstießen. Daraufhin wurde, wie verlangt, die Registrierungspflicht bei der Medienaufsicht für Internetforen und Blogs entschärft, die Gerichtsbarkeit ausländischer Medienunternehmen abgeschafft und die Inhalte von On-demand Medien vom Kriterium der Ausgewogenheit ausgenommen (SZ: 8.3.2011, 8). Grundsätzliche Probleme wie die Machtfülle und Regierungsnähe der Medienbehörde oder die faktische Abschaffung des journalistischen Quellenschutzes wurden jedoch nur durch das EU-Parlament kritisiert. Letztendlich war es das ungarische Verfassungsgericht, das hier die weitgehendsten Änderungen erstritt und schließlich für seine Konsequenz in der Urteilssprechung Schritt für Schritt entmachtet wurde.

Auch in Hinblick auf die neue Verfassung konzentrierte sich die Kommission auf Einzelaspekte. Die Klagen am EuGH gegen die Richter(innen)-Zwangspensionierung und den Eingriff in die Unabhängigkeit der Datenschutzbehörde waren zwar erfolgreich, doch die Umsetzung der Urteile konnte die Entwicklung nicht mehr vollständig zurückdrehen. So verzichteten zahlreiche Richterinnen und Richter auf ihre Wiedereinstellung, die ihnen nicht ihren alten Posten samt ihrer ursprünglichen Kompetenzen gesichert hätte, auf denen mittlerweile Fidesz-nähere Amtsträgerinnen und -träger saßen, und entschieden sich stattdessen für eine Entschädigung (Interview Engels: 12.12.2014). Auch bei der vierten Verfassungsnovelle war die Kommission insofern erfolgreich, dass ihre Kritik an der Wahlwerbe-Beschränkung sowie der willkürlichen Zuweisung von Justizfällen zu Gerichten berücksichtigt und auch von der Sonderabgabe bei EU-Geldbußen abgesehen wurde. Dennoch bedeutete die veränderte Verfassung – wie dargestellt und nicht zuletzt vom EU-Parlament kritisiert – eine deutliche Schwächung der Gewaltenteilung zu Gunsten der Exekutive. Alle inkrementellen Veränderungen, die von der Kommission durchgesetzt wurden, haben somit kaum etwas an der grundlegenden Problematik geändert.

Angesichts einer in unveränderter Dreistigkeit fortgesetzten Politik der Provokationen und Grenzüberschreitungen durch Victor Orbán lässt sich auch kein mäßigender Einfluss als positiver Aspekt herausstreichen, wie dies im Fall der FPÖ gegeben war. Schließlich bleibt anzumerken, dass die EU im Konflikt mit Ungarn nicht im Eintreten für demokratische Prinzipien am erfolgreichsten Druck ausübte. Vielmehr war dies der Fall, als die ungarische Regierung durch finanzielle Sanktionen dazu gebracht wurde, die haushalterischen Prioritäten gemäß EU-Forderung an der Bekämpfung des übermäßigen Defizits auszurichten. Dieses Missverhältnis zwischen ökonomischen und demokratischen Kriterien bestätigt einmal mehr die Kritik, die bereits im Zuge der EU-Erweiterung an der Handhabung der Kopenhagen-Kriterien geäußert wurde. Sie nährt die Diskussion um das anhaltende Demokratiedefizit der EU und bekräftigt Forderungen nach zusätzlichen Instrumenten, um die Handlungsfähigkeit und Effektivität der EU im Umgang mit Verstößen gegen die eigenen Grundwerte weiter zu verbessern.

6 Schlussbetrachtung

Das Interesse dieser Arbeit galt der Handlungsfähigkeit und Effektivität der EU in Fällen, in denen Mitgliedstaaten demokratische Prinzipien verletzen. Als Untersuchungsgegenstand zur Beantwortung der Forschungsfrage dienten dabei die Entwicklungen in Ungarn von Mai 2010 bis Mai 2014. Um die Handlungsfähigkeit und Effektivität der EU gegenüber Ungarn besser einordnen zu können, diente der „Fall Österreich" als Vergleichsfolie. In einem dritten Schritt ist nun zu beantworten, inwiefern das in dieser Arbeit angewandte Konzept der internen Handlungsfähigkeit geeignet ist für die politikwissenschaftliche Forschung.

Zunächst wurden dafür im Literaturbericht unterschiedliche Ansätze der europäischen Integrationsforschung mit Blick auf ihre Relevanz für die EU-Handlungsfähigkeit im Umgang mit undemokratischem Verhalten von Mitgliedstaaten untersucht. In Anlehnung an Schimmelfennig et al. (2006) sieht diese Arbeit einerseits die Prinzipien liberaler Demokratie als die inhaltlich entscheidende Grundlage für die internationale Sozialisation in Europa und erklärt andererseits das Verhalten der Akteure mit strategischen und interessengeleiteten Motiven. Die Diskussion um die Bedeutung von Demokratie für die EU hat zum einen die Herausforderungen für die demokratische Verfasstheit der Nationalstaaten im Zuge einer fortschreitenden Kompetenzverlagerung auf die europäische Ebene und zum anderen den dort gleichzeitig wachsenden Bedarf für Instrumente der wehrhaften Demokratie aufgezeigt, um den Anspruch einer Wertegemeinschaft glaubwürdig vertreten und notfalls auch durchsetzen zu können. Wie der Literaturbericht gezeigt hat, spielen bei der Untersuchung der EU-Handlungsfähigkeit gegenüber Mitgliedstaaten drei Faktoren eine besondere Rolle: (1) die juristischen Möglichkeiten der Union, in Angelegenheiten der Mitgliedstaaten zu intervenieren, (2) ein politisch einheitliches und normkonsistentes Auftreten der EU-Institutionen sowie (3) die jeweilige Situation im Mitgliedstaat, dem Verstöße gegen die Demokratie vorgeworfen werden.

Diese Erkenntnisse spiegeln sich in den drei Dimensionen *authority*, c*ohesion* und o*pportunity* wider, die das Konzeptgerüst der Handlungsfähigkeit in dieser Arbeit bildeten. Dafür wurde der Actorness-Ansatz der EU-Außenpolitik auf die interne Handlungsfähigkeit übertragen. Dieser Gedanke ist insofern naheliegend, als auch die Frage nach demokratischem Governance-Transfer im Zuge der EU-Osterweiterung von der Außenpolitik in die Innenpolitik gewandert ist und die Frage danach, inwiefern die EU in derartigen Fällen gegenüber den Mitgliedstaaten überhaupt ein vollwertiger Akteur sein kann, ebenso fraglich ist, wie die Akteurschaft der EU im Internationalen System.

Authority und c*ohesion* definieren das vorhandene Handlungsrepertoire der EU und bestimmen den Grad der internen Handlungsfähigkeit. Da ein Blick allein auf die Input-Seite nicht ausreicht, um Aussagen über die tatsächliche Wirkung des EU-Handelns treffen zu können, bedarf es neben der Analyse der Handlungsfähigkeit auch den Einbezug der Output-Dimension und damit der Frage nach Effektivität (Groen/Niemann 2012). In Anlehnung an Oran Youngs Regime Theorie (1994) wird Effektivität hierbei als Zielerreichung definiert. Effektivität misst demnach, inwiefern sich der erreichte Grad an Handlungsfähigkeit zur Zielerreichung nutzen lässt und die EU im Konflikt mit einem Mitgliedstaat den Verstoß gegen die Grundwerte beenden kann. Ob und in welchem Ausmaß dies gelingt, wird durch die *opportunity*-Strukturen beeinflusst. Der empirische Teil dieser Arbeit erfolgte mithilfe des Process Tracing. Für die vorliegende Arbeit bedeutete dies, theoretisch als relevant erachtete Faktoren in ihrer Wirkung und ihrem Zusammenspiel für das Outcome der Handlungsfähigkeit der EU im Falle von Verletzungen demokratischer Prinzipien in Ungarn zu untersuchen.

Die Untersuchung von *authority* hat sowohl im „Fall Österreich" unter den Voraussetzungen des Vertrags von Amsterdam als auch gegenüber Ungarn nach dem Vertrag von Lissabon einen mittleren Grad der Handlungsfähigkeit ergeben. Mit Artikel 7 EUV verfügt die EU über ein relativ starkes Interventionsinstrument, dessen Einsatzmöglichkeit über die Bereiche des Unionsrechts hinausreicht. Die Vertragsänderungen bedeuten zudem leichte Verbesserungen für die Aspekte *value definition* und *enforcement structure.* Insbesondere der nach dem „Fall Österreich" eingeführte Präventionsmechanismus hat den möglichen Anwendungsbereich von bereits erfolgten „schwerwiegenden" und „anhaltenden" Werteverletzungen auf Fälle mit „eindeutiger Gefahr" einer solchen erweitert. Dennoch scheint die Funktionsfähigkeit der bestehenden juristischen Mechanismen in Extremfällen allenfalls eingeschränkt gegeben (Träbert 2010: 15f.). Entscheidend dafür sind Schwachstellen im institutionellen Design, die sich in den vergleichsweise schlechten Ergebnissen im Bereich *clarity of competences* ausdrücken. Die Schwächen liegen konkret in einem großen politischen Ermessensspielraum in der Hand des Europäischen Rats, der einstimmig für die Anwendung von Artikel 7 stimmen muss, was höchst unwahrscheinlich ist. Dies gilt besonders, da gerade die Mitgliedstaaten vor der „nuklearen Option" zurückschrecken, weil sie befürchten, dass sich der Sanktionsmechanismus auch einmal gegen sie richten könnte. Aus demselben Grund haben sie bisher erfolgreich ein kontinuierliches Monitoring aller Mitgliedstaaten zum Grundwerteschutz, etwa durch die Fundamental Rights Agency, abgelehnt.

Der größte Unterschied in den Ergebnissen zur Handlungsfähigkeit der EU im Vergleich zwischen Österreich und Ungarn ist der geringe Wert für *cohesion* im letzteren Fall. Ausschlaggebend ist dabei die Kategorie *procedural-tactical cohesion* und damit die Unfähigkeit der EU-Institutionen, sich auf ein gemeinsames Vorgehen zu einigen und mit einer Stimme zu sprechen. Es liegt, ähnlich wie beim Rat, im Eigeninteresse der Kommission, Artikel 7 als „Atombombe" zu bezeichnen und einen Einsatz damit auszuschließen. So kann die Kommission mit einfachen Vertragsverletzungsverfahren agieren, die allein in ihrem Zuständigkeitsbereich liegen. Das Parlament hingegen ist nicht in der Lage, dem eigenen Selbstverständnis als Anwalt der Menschenrechte und Demokratie gerecht zu werden und die durch die Vertragsänderungen erweiterte Macht auch in entsprechendes Handeln umzusetzen. Die gefassten Beschlüsse zum Schutz der Demokratie in Ungarn bleiben wirkungslos, da die nötigen Mehrheiten an parteipolitischen Grabenkämpfen scheitern (Guasti/Mansfeldová 2013: 22).

In beiden Fällen, Österreich und Ungarn, besaß die EU nach Untersuchung der *opportunity* eine mittlere Handlungsfähigkeit gegenüber dem betreffenden Mitgliedstaat. Diese setzt sich jedoch jeweils unterschiedlich zusammen. Während im „Fall Österreich“ kein Grundwerteverstoß erfolgt war und allein die sich abzeichnende Regierungsbeteiligung der rechtspopulistischen Regierungsbeteiligung der FPÖ für die Mitgliedstaaten genügte, um einzugreifen, weist *intensity of violation* für Ungarn eine klare Gefahr für die demokratischen Institutionen auf. Trotz mittlerweile ausgebauter juristischer Möglichkeiten hält sich die EU mit ihren Interventionen dennoch auffallend zurück. Dies liegt nicht allein an der für die ungarische Regierung günstigen *domestic actor constellation* und lässt sich nicht unabhängig von den Erfahrungen aus dem fehlgeschlagenen Einmischungsversuch in Österreich verstehen, bei dem nach kurzer Zeit die Sanktionen wieder aufgehoben werden mussten, ohne die Regierungsbildung wirksam beeinflusst zu haben. Nicht zu Unrecht fürchtet die EU, durch zu hartes Auftreten europaskeptischen Kräften weiteren Auftrieb zu verleihen, wie sich dies in Österreich beobachten ließ. Gegenüber Ungarn bleibt diese Strategie allerdings fraglich. An dem Erfolg von Orbáns Taktik mit gezielten Provokationen seinen Handlungsspielraum auf Kosten demokratischer Prinzipien zu erweitern, ändern die schrittweisen Zugeständnisse an die EU ebenso wenig wie an der Tatsache, dass sich der ungarische Premierminister auch bei zurückhaltender Kritik aus der EU vor heimischem Publikum als nationaler Freiheitskämpfer gegen das Diktat aus Brüssel zu inszenieren weiß.

Im Hinblick auf die dreigeteilte Forschungsfrage lässt sich demnach zusammenfassend konstatieren: Trotz des Zuwachs an juristischen Kompetenzen ist die Handlungsfähigkeit der EU gegenüber den Demokratieverletzungen in Ungarn begrenzt. Dies liegt insbesondere an vier Faktoren: (1) den Schwächen im institutionellen Design von Artikel 7, (2) der Furcht der Mitgliedstaaten vor diesem Instrument, (3) dem Eigeninteresse der Kommission und (4) der Parteipolitik im EU-Parlament. Somit fällt auch die Effektivität der EU in der Beseitigung der Demokratieverletzungen in Ungarn sogar noch etwas geringer aus als in Österreich, wo zumindest ein mäßigender Einfluss auf die FPÖ zu beobachten war. Für die EU bedeutet dies, wenn sie nicht weiterhin in Demokratiefragen für das Anlegen doppelter Standards im Umgang mit Drittstaaten zum Vergleich mit Mitgliedstaaten kritisiert werden will (van Hüllen/Börzel 2013: 23): Wie die Lehren aus dem „Fall Österreich" dazu beigetragen haben, einen Präventionsmechanismus einzuführen, müssen die Erfahrungen mit Ungarn dazu beitragen, die Wehrhaftigkeit der europäischen Demokratie zu stärken. Es gilt, wirksame Instrumente zu schaffen, die es den supranationalen Institutionen der EU bereits ermöglichen, unter der Schwelle von Artikel 7 tätig zu werden.

Das angewandte Analysekonzept für die Handlungsfähigkeit der EU hat sich bei der Untersuchung als nützlich erwiesen, um erklärende Faktoren aufzudecken und das empirische Vorgehen zu leiten. Die Dreiteilung der Betrachtung nach rechtlichen Möglichkeiten, dem konsistenten politischen Handeln der Institutionen sowie der Bedingungen im Mitgliedstaat ermöglicht einen angemessenen Grad der Komplexitätsreduktion, um zentrale Wirkungsmechanismen offen zu legen. Einige Unter-Kategorien wie *clarity of competences* und *procedural-tactical cohesion* haben sich dabei als besonders einflussreich für die Handlungsfähigkeit erwiesen, während die vergleichsweise hohen Bewertungen in den Kategorien mit Wertebezug vor allem eine Diskrepanz zwischen politischer Rhetorik und tatsächlicher Umsetzung offenbaren. Insgesamt bietet das Konzept Anknüpfungspunkte für weitere fallbezogene Adaptionen, um die Handlungsfähigkeit der EU in Auseinandersetzungen mit Mitgliedstaaten zu untersuchen. Lohnend wäre dabei nicht nur ein Vergleich mit weiteren Problemfällen in neuen EU-Ländern, sondern auch Konflikte um die Einhaltung der Grundwerte in etablierten Mitgliedstaaten zu berücksichtigen.

7 Literaturverzeichnis

Ahtisaari, Martti; Frowein, Jochen; Oreja, Marcelino (2000): Report. Paris.

Barlai, Melani; Hartleb, Florian (2007): Ungarn – Vom Musterknaben zum Sorgenkind der Europäischen Union. In: *Politische Studien* 58 (411), S. 95–105.

Barroso, José Manuel Durao (2011): Statement by President Barroso at the press conference following the meeting of the European Commission with the Hungarian Presidency. In: *Speech/11/4*.

Batory, Agnes (2010): Elections Briefing No 51. Europe and the Hungarian Parliamentary Elections of April 2010. In: *European Parties Elections and Referendums Network*.

Beitz, Charles R. (1989): Political Equality. Princeton, NJ: Princeton University Press.

Bicchi, Federica (2006): ''Our size fits all': normative power Europe and the Mediterranean. In: *Journal of European Public Policy* 13 (2), S. 286–303.

Börzel, Tanja A. (2003): How the European Union Interacts with its Member States. In: *Reihe Politikwissenschaft* (93).

Börzel, Tanja A.; van Hüllen, Vera; Lohaus, Mathis (2013): Governance Transfer by Regional Organizations. Following a Global Script? In: *SFB-Governance Working Paper Series* (42).

Bozoki, Andras (2012): The Crisis of Democracy in Hungary. Heinrich Böll Stiftung. Online verfügbar unter http://www.boell.de/worldwide/europenorthamerica/europe-north-america-andras-bozoki-the-crisis-of-democracy-in-hungary-14645.html, Zugriff: 20.11.2014.

Bretherton, Charlotte; Vogler, John (2006): The European Union as a Global Actor. London: Routledge.

BTI 2008: Hungary Country Report. Hg. v. Bertelsmann Stiftung. Gütersloh.

BTI 2010: Hungary Country Report. Hg. v. Bertelsmann Stiftung. Gütersloh.

BTI 2012: Hungary Country Report. Hg. v. Bertelsmann Stiftung. Gütersloh.

BTI 2014: Hungary Country Report. Hg. v. Bertelsmann Stiftung. Gütersloh.

Bull, Hedley (1982): Civilian Power Europe: A Contradiction in Terms? In: *Journal of Common Market Studies* (21), S. 149–164.

Calliess, Christian (2004): Europa als Wertegemeinschaft — Integration und Identität durch europäisches Verfassungsrecht? In: *JuristenZeitung* 59 (21), S. 1033–1045.

Calliess, Christian (2007): Art. 6 EUV. In: Christian Calliess et al. (Hg.): *EUV/EGV: Das Verfassungsrecht der Europäischen Union. Kommentar*. 3. Auflage. München: C.H. Beck.

Checkel, Jeffrey T.: It's the process stupid. Process Tracing in the Study of European and International Politics. In: *ARENA Working Paper* 2005 (26).

Cini, Michelle (2010): Intergovernmentalism. In: Michelle Cini und Nieves Pérez-Solórzano Borragán (Hg.): *European Union politics*. 3rd ed. Oxford, New York: Oxford University Press, S. 86–102.

Clements, Ben; Nanou, Kyriaki; Verney, Susannah (2014): 'We No Longer Love You, But We Don't Want To Leave You': The Eurozone Crisis and Popular Euroscepticism in Greece. In: *Journal of European Integration* 36 (3), S. 247–265.

Closa, Carlos (Hg.) (2009): The Lisbon Treaty and National Constitutions. Europeanisation and Democratic Implications. Centre for European Studies. Oslo: ARENA.

Dahl, Robert A. (1994): A Democratic Dilemma: System Effectiveness versus Citizen Participation. In: *Political Science Quarterly* 109 (1), S. 23–34.

Dahl, Robert A. (1998): On Democracy. New Haven: Yale University Press.

Hofmann, Gunter (2002): "Die CDU hat nichts begriffen". In: Die ZEIT, 17.02.2002 (8. Ausgabe).

Dimitrova, Antoaneta L. (2010): The New Member States of the EU in the Aftermath of Enlargement: Do New European Rules Remain Empty Shells? In: *Journal of European Public Policy* 17 (1), S. 137–148.

Eriksen, Erik Oddvar (2010): What democracy for Europe. In: Erik Oddvar Eriksen und John Erik Fossum (Hg.): *What Democracy for Europe? Proceedings from the RECON Midterm Conference*. Oslo: ARENA, S. 17–30.

Eriksen, Erik Oddvar; Fossum, John Erik (2009): Reconstituting European Democracy. In: Carlos Closa (Hg.): *The Lisbon Treaty and National Constitutions. Europeanisation and Democratic Implications*. Oslo: ARENA, S. 7–24.

Europäisches Kommission (1998): Regular Report on Hungary's Progress Towards Accession.

Europäisches Kommission (1998): Regular Report on Slovakia's Progress Towards Accession.

Europäisches Kommission (1999): Regular Report on Hungary's Progress Towards Accession.

Europäisches Kommission (2001): Regular Report on Hungary's Progress Towards Accession.

Europäisches Kommission (2002): Regular Report on Hungary's Progress Towards Accession.

Europäisches Kommission (2002): Regular Report on Romania's Progress Towards Accession.

Europäisches Kommission (2003): Mitteilung der Kommission an den Rat und das Europäische Parlament zu Artikel 7 des Vertrags über die Europäische Union. Wahrung und Förderung der Grundwerte der Europäischen Union, 15. Oktober 2003: Brüssel.

Europäisches Kommission (2012): Statement of the European Commission on the situation in Hungary, MEMO/12/9, 11 Januar 2012: Brüssel.

Europäische Kommission (2012): Unabhängigkeit von Zentralbank und Datenschutzbehörden, Maßnahmen im Justizwesen: Europäische Kommission leitet beschleunigte Vertragsverletzungsverfahren gegen Ungarn ein, Pressemitteilung: 17. Januar 2012.

Europäische Kommission (2012): Vorschlag für einen Beschluss des Rates zur Aussetzung der für Ungarn vorgesehenen Mittelbindungen aus dem Kohäsionsfonds, COM(2012)75/F1 – DE, 22. Februar 2012: Brüssel.

Europäische Kommission (2012): Ungarn: Kommission setzt beschleunigte Vertragsverletzungsverfahren im Zusammenhang mit der Unabhängigkeit des Datenschutzbeauftragten und mit Maßnahmen im Justizwesen fort und fordert zusätzliche Informationen zur Unabhängigkeit der Zentralbank, Pressmitteilung: 7. März 2012.

Europäisches Kommission (2013): Statement from the President of the European Commission and the Secretary General of the Council of Europe on the vote by the Hungarian Parliament of the Fourth amendment to the Hungarian Fundamental Law, MEMO, 11. März 2013: Brüssel.

Europäisches Kommission (2013): Assessment of the 2013 national reform programme and convergence porgramme for Hungary, SWD(2013) 367 final, 29. Mai 2013: Brüssel.

Europäisches Kommission (2013): Follow up to the European Parliament resolution on the situation of fundamental rights: standards and practices in Hungary (pursuant to the European Parliament resolution of 16 February 2012), 8. Okotber 2013: Brüssel.

Europäische Kommission (2014): Empfehlung für eine Empfehlung des Rates zum nationalen Reformprogramm Ungarns 2014 mit einer Stellungnahme des Rates zum Konvergenzprogramm Ungarns 2014, COM(2014)418/F1 – DE, 2. Juni 2014: Brüssel.

Europäischer Gerichtshof (2012): Urteil des Gerichtshofs. In der Rechtssache C-286/12.

Europäischer Gerichtshof (2014): Urteil des Gerichtshofs. In der Rechtssache C-288/12.

Europäischer Gerichtshof für Menschenrechte (2000): Press Release no 491.

Europäisches Parlament (2000): Plenardebatten, Talks in Austria on forming a government, 2. Februar 2000.

Europäisches Parlament (2000): Negotiations to form a government in Austria, 3 Februar 2000.

Europäisches Parlament (2011): Plenardebatten, Programme of activities of the Hungarian presidency of the Council, 19. Januar 2011.

Europäisches Parlament (2011): Plenardebatten, Mediengesetz in Ungarn, 16. Februar 2011.

Europäisches Parlament (2011): Media law in Hungary, P7_TA(2011)0094, 10. März 2011.

Europäisches Parlament (2012): Plenardebatten, Recent Political developments in Hungary, 18. Januar 2012.

Europäisches Parlament (2012): Recent political developments in Hungary, P7_TA(2012)0053, 16. Februar 2012.

Europäisches Parlament (2013): Plenardebatten, Aktueller Stand der Verfassungsänderungen in Ungarn, 17. April 2013.

Europäisches Parlament (2013): Bericht über die Lage der Grundrechte: Standards und Praktiken in Ungarn, 24. Juni 2013.

European Commission for Democracy through Law (Venice Commission) (2013): Opinion on the fourth amendment to the fundamental law of Hungary, 17. Juni 2013: Straßburg.

Falkner, Gerda (2010): Institutional Performance and Compliance with EU Law: Czech Republic, Hungary, Slovakia and Slovenia. In: *Journal of Public Policy* 30, S. 101–116.

Falkner, Gerda; Hartlapp, Miriam; Leiber, Simone; Treib, Oliver (2004): Non-Compliance with EU Directives in the Member States: Opposition through the Backdoor? In: *West European Politics* 27 (3), S. 452–473.

Finnemore, Martha; Sikkink, Kathryn (1998): International Norm Dynamics and Political Change. In: *International Organization* 52 (4), S. 887–917.

Follesdal, Andreas; Hix, Simon (2006): Why There is a Democratic Deficit in the EU: A Response to Majone and Moravcsik. In: *JCMS: Journal of Common Market Studies* 44 (3), S. 533–562.

Gateva, Eli (2010): Post-Accession Conditionality. Support Instrument for Coninuous Pressure? In: *KFG Working Paper Series* (18).

George, Alexander L.; Bennett, Andrew (2005): Case studies and theory development in the social sciences. Cambridge, Mass: MIT Press (BCSIA studies in international security).

Grabbe, Heather (2006): The EU's Transformative Power. Europeanization through Conditionality in Central and Eastern Europe. Houndmills et al.: Palgrave Macmillan.

Groen, Lisanne; Niemann, Arne (2012): The European Union at the Copenhagen Climate Negotiations: A Case of Contested EU Actorness and Effectiveness. In: *Mainz Papers on International and European Politics* (1).

Groen, Lisanne; Niemann, Arne; Oberthür, Sebastian (2012): The EU as a Global Leader? The Copenhagen and Cancun UN Climate Change Negotiations. In: *Journal of Contemporary European Research* (8), S. 173-191.

Groenleer, Martin; van Schaik, Louise G. (2007): United We Stand? The European Union's International Actorness in the Cases of the International Criminal Court and the Kyoto Protocol. In: *Journal of Common Market Studies* 45 (5), S. 969–998.

Guasti, Petra; Mansfeldová, Zdenka (2013): Central and Eastern Europe after Enlargement: Successes and Failures. Working Paper for 41st ECPR Joint Session of Workshops. Johannes Gutenberg-Universität, Mainz.

Habermas, Jürgen (2011): Zur Verfassung Europas. Ein Essay. Berlin: Suhrkamp.

Huigens, Judith; Niemann, Arne (2011): The G81/2: the EU's contested and ambiguous actorness in the G8. In: *Cambridge Review of International Affairs* 24 (4), S. 629–657.

Hyde-Price, Adrian (2006): Normative' power Europe: a realist critique. In: *Journal of European Public Policy* 13 (2), S. 217–234.

Jakubowicz, Karol (2010): Analysis and assessment of a package of Hungarian legislation and draft legislation on media and telecommunications. OSZE. Warschau.

Jesse, Eckhard (2003): Demokratieschutz. In: Eckhard Jesse und Roland Sturm (Hg.): *Demokratien des 21. Jahrhunderts im Vergleich. Historische Zugänge, Gegenwartsprobleme, Reformperspektiven*. Opladen: Leske + Budrich.

Jupille, Joseph; Caporaso, James (1998): States, agency and rules: the European Union in global environment politics. In: Carolyn Rhodes (Hg.): The European Union in the World Community. Boulder: Lynne Riener, S. 213–229.

Klamt, Martin (2012): Die Europäische Union als streitbare Demokratie. Rechtsvergleichende und europarechtliche Dimensionen einer Idee. München: Utz (Europäisches und Internationales Recht, 79).

Kochenov, Dimitry (2004): Behind the Copenhagen facade. The meaning and structure of the Copenhagen political criterion of democracy and the rule of law. In: *European Integration online Papers* 8 (10).

Koops, Joachim Alexander (2011): The European Union as an Integrative Power? Brüssel: VUB Press.

Kroes, Neelie (2011): Hungary's new media law. Open Hearing on Freedom of the Press in Hungary. In: *Speech/11/6.*

Kruma, Christine (2009): Constitutional Courts in the Europeanisation of National Constitutions. In: Carlos Closa (Hg.): *The Lisbon Treaty and National Constitutions. Europeanisation and Democratic Implications*. Oslo: ARENA, S. 143–165.

Leconte, Cécile (2005): The Fragility of the EU as a 'Community of Values': Lessons from the Haider Affair. In: *West European Politics* 28 (3), S. 620–649.

Luther, Kurt Richard (2000): Austria: A Democracy under Threat from the FPO? In: *Parliamentary Affairs* 53 (3), S. 426–442.

Manners, Ian (2002): Normative power Europe: a contradiction in terms? In: *Journal of Common Market Studies* 40 (2), S. 235–258.

Maresceau, Marc (2003): Pre-Accession. In: Marise Cremona (Hg.): *Enlargement of the European Union*. Vol. XII Collected Courses. Florenz, S. 9–42.

Merkel, Wolfgang (2004): Embedded and Defective Democracies. In: *Democratization* 11 (5), S. 33–58.

Merlingen, Michael; Mudde, Cas; Sedelmeier, Ulrich (2001): The Right and the Righteous? European Norms, Domestic Politics and the Sanctions Against Austria. In: *Journal of Common Market Studies* 39 (1), S. 59–77.

Möllers, Christoph (2012): Die Unvollendete: Die europäische Idee, die Demokratie und die Wirklichkeit. In: Adolf-Arndt-Kreis (Hg.): *Europa und ihre Stiere: die EU zwischen Integration und nationalem Eigensinn*: BWV, Berliner Wissenschafts-Verlag, S. 7–20.

Mungiu-Pippidi, Alina (2007): Is East-Central Europe Backsliding? EU Accession is no "End of History". In: *Journal of Democracy* 18 (4), S. 8–16.

Negt, Oskar (2012): Gesellschaftsentwurf Europa. Plädoyer für ein gerechtes Gemeinwesen. Göttingen: Steidl.

Nicolaidis, Kalypso; Kleinfeld, Rachel (2012): Rethinking Europe's Rule of Law and Enlargement Agenda: The Fundamental Dilemma. In: *Jean Monnet Working Paper* (12).

Niemann, Arne; Junne, Gerd (2011): Normative Macht Europa? In: Georg Simonis und Helmut Elbers (Hg.): *Externe EU Governance*. Wiesbaden: VS Verlag für Sozialwissenschaften, S. 103–131.

Niemann, Arne; Schmitter, Philippe C. (2009): Neofunctionalism. In: Antje Wiener und Thomas Diez (Hg.): *European Integration Theory*. Auflage. Oxford: Oxford University Press, S. 45–65.

OSZE: Pressemitteilung, 7.9.2010: http://www.osce.org/fom/72229. Zugriff: 7.1.2015.

OSZE-Pressemitteilung, 22.12.2010: http://www.osce.org/fom/74687. Zugriff: 7.1.2015.

Pevehouse, Jon C.W. (2005): Democracy from Above. Regional Organizations and Democratization. Cambridge: Cambridge University Press.

Rat der Europäischen Union (1994): Presidency Conclusions, 24.-25. Juni 1994: Korfu.

Rat der Europäischen Union (1997): Presidency Conclusions, 12.-13. Dezember 1997: Luxemburg.

Rat der Europäischen Union (2012): Beschluss des Rates zur Feststellung, dass Ungarn auf die Empfehlung des Rates vom 7. Juli 2009 nicht mit wirksamen Maßnahmen reagiert hat, 23. Januar 2012: Brüssel.

Rat der Europäischen Union (2012): Durchführungsbeschluss des Rates zur Aussetzung der für Ungarn vorgesehenen Mittelbindungen aus dem Kohäsionsfonds mit Wirkung vom 1. Januar 2013, 13. März 2012: Brüssel.

Rat der Europäischen Union (2012): Vorschlag für einen Durchführungsbeschluss des Rates zur Aufhebung der Aussetzung der für Ungarn vorgesehenen Mittelbindungen aus dem Kohäsionsfonds, 4. Juni 2012: Brüssel.

Regierungskonferenz 1996 (1995): Bericht der Reflexionsgruppe und dokumentarische Hinweise. Generalsekretariat des Rates der Europäischen Union, Dezember 1995: Brüssel.

Rittberger, Berthold; Schimmelfennig, Frank (2005): Integrationstheorien: Entstehung und Entwicklung der EU. In: Katharina Holzinger et al. (Hg.): *Die Europäische Union*. Theorien und Analysekonzepte. Paderborn et al.: Ferdinand Schöningh, S. 81–152.

Rosamond, Ben (2005): Conceptualizing the EU Model of Governance in World Politics. In: *European Foreign Affairs Review* 10 (4), S. 463–478.

Sadurski, Wojciech (2010): Adding a Bite to the Bark? A Story of Article 7, the EU, and Jörg Haider. In: *Legal Studies Research Paper* (10/01).

Schattschneider, Elmer Eric (1960): The Semi- sovereign People: A Realist's View of Democracy in America. New York: Holt, Rinehart and Winston.

Scheppele, Kim Lane (2013): The Rule of Law and the Frankenstate: Why Governance Checklists Do Not Work. In: *Governance: An International Journal of Policy, Administration, and Institutions* 26 (4), S. 559–562.

Schimmelfennig, Frank (2008): EU political accession conditionality after the 2004 enlargement: consistency and effectiveness. In: *Journal of European Public Policy* 15 (6), S. 918–937.

Schimmelfennig, Frank; Engert, Stefan; Knobel, Heiko (2006): International socialization in Europe. European organizations, political conditionality, and democratic change. Basingstoke, New York: Palgrave Macmillan (Palgrave studies in European Union politics).

Schimmelfennig, Frank; Trauner, Florian (2009): Introduction: Post-accession compliance in the EU's new member states. In: Frank Schimmelfennig und Florian

Trauner (Hg.): *Post-accession compliance in the EU's new member states* (European Integration online Papers, Special Issue 2 (13)).

Schmahl, Stefanie (2000): Die Reaktionen auf den Einzug der Freiheitlichen Partei Österreichs in das österreichische Regierungskabinett - Eine europa- und völkerrechtliche Analyse -. In: *Europarecht* (5), S. 705–860.

Schmidt, Vivien (2006): Democracy in Europe: The EU and National Polities. Oxford: Oxford University Press.

Sjöstedt, Gunnar (1977): The External Role of the European Community. Farnborough: Saxon House.

Smith, Karen E. (2005): Beyond the Civilian Power EU Debate. In: *Politique européenne* 17 (3), S. 63–82.

Spengler, Frank; Bauer, Bence (2014): Die heiße Phase des ungarischen Wahlkampfs. Hg. v. Konrad-Adenauer-Stiftung (Länderbericht).

Statement by the Portuguese Presidency of the EU on behalf of XIV Member States, 31. Januar 2000.

Tansey, Oisín (2007): Process Tracing and Elite Interviewing: A Case for Nonprobability Sampling. In: *PS: Political Science and Politics* 40 (04).

Thiel, Markus (Hg.) (2003): Wehrhafte Demokratie. Beiträge über die Regelungen zum Schutze der freiheitlichen demokratischen Grundordnung. Tübingen: Mohr Siebeck.

Tillmanns, Reiner (2003): Wehrhaftigkeit durch Werthaftigkeit - der ethische Grundkonsens als Existenzvoraussetzung des freiheitlichen Staates. In: Markus Thiel (Hg.): *Wehrhafte Demokratie. Beiträge über die Regelungen zum Schutze der freiheitlichen demokratischen Grundordnung*. Tübingen: Mohr Siebeck, S. 25–56.

Träbert, Katrin (2010): Sanktionen der Europäischen Union gegen ihre Mitgliedstaaten. Die Sanktionsverfahren nach Art.228 Abs.2 EGV und Art.7 EUV. Frankfurt a. M.: Peter Lang (Studien zum internationalen, europäsichen und öffentlichen Recht, 23).

Vachudova, Milada Anna (2006): Democratization in Postcommunist Europe: Illiberal Regimes and the Leverage of International Actors. In: *Center for European Studies Working Paper Series* (139).

von Bogdandy, Armin von (1998): Die Europäische Union als einheitlicher Verband. In: Armin von Bogdandy und Claus-Dieter Ehlermann (Hg.): *Konsolidierung und Kohärenz des Primärrechts nach Amsterdam*. EuR Beiheft (EuR Beiheft 2/1998)), S. 165–183.

von Bogdandy, Armin von (2000): The European Union as a Human Rights Organization? Human Rights and the core of the European Union. In: *Common Market Law Review* (37), S. 1307–1338.

von Bogdandy, Armin von; Ioannidis, Michael (2014): Das systemische Defizit - Merkmale, Instrumente und Probleme am Beispiel der Rechtsstaatlichkeit und des neuen Rechtsstaatlichkeitsaufsichtsverfahrens. In: *Zeitschrift für ausländisches öffentliches Recht und Völkerrecht* (2), S. 177–412.

van der Vleuten, Anna; Ribeiro Hoffmann, Andrea (2010): Explaining the Enforcement of Democracy by Regional Organizations: Comparing EU, Mercosur and SADC. In: *Journal of Common Market Studies* 48 (3), S. 737–758.

van Hüllen, Vera; Börzel, Tanja A. (2013): The EU's Governance Transfer. From External Promotion to Internal Protection. In: *SFB-Governance Working Paper Series* (56).

van Schaik, Luise (2010): Is the Sum More than its Parts? A Comparative Case Study on the Relationship between EU Unity and its Effectiveness in Multilateral Negotiations. PhD Thesis. Katholieke Universiteit Leuven.

Warkotsch, Alexander (2008): Non-compliance and instrumental variation in EU democracy promotion. In: *Journal of European Public Policy* 15 (2), S. 227–245.

Young, Oran (1994): International Governance. Protecting the Environment in a Stateless Society. Ithaca, NY: Cornell University Press.

8 Anhang

8.1 I Operationalisierung „Grad der Handlungsfähigkeit“

			Grad der Handlungsfähigkeit		
			Stark	**Mittel**	**Gering**
Dimensionen der Handlungsfähigkeit	Authority	*Value Definition*	Nennung der Grundwerte mit präziser Beschreibung	Nennung der Grundwerte mit ungenauer Beschreibung	Nennung der Grundwerte ohne Beschreibung
		Enforcement Structure	Starker Sanktionsmechanismus und hohes Abschreckungspotential	Moderater Sanktionsmechanismus und eingeschränktes Abschreckungspotential	Kein Sanktionsmechanismus
		Clarity of Competences	Supranationale Institution (EuGH, EU-Kommission oder EU-Parlament)	Geteilte Kompetenzen zwischen supranationalen und intergouvernementalen EU-Institutionen	Mitgliedstaaten
	Cohesion	*Value Cohesion*	Geschlossene Berufung auf Grundwerte und einheitliche Beurteilung der Intensität der Verstöße	Teilweise Berufung auf Grundwerte; Unterschiede in der Beurteilung der Intensität der Verstöße	Keine Berufung auf Grundwerte
		Procedural-tactical Cohesion	Konsens über Strategien zur Konfliktlösung	Debatten über Strategien zur Konfliktlösung	Kein taktisches Vorgehen bzw. keine Einigkeit über Strategien zur Konfliktlösung
		Output Cohesion	Gemeinsame Maßnahmen werden beschlossen und umgesetzt	Gemeinsame Maßnahmen werden beschlossen, Umsetzung gestaltet sich schwierig	Kein Beschluss über gemeinsame Maßnahmen
	Opportunity	*Intensity of Violation*	Eindeutiger und schwerwiegender Verstoß gegen demokratische Prinzipien	Eindeutiger, aber schwacher Verstoß gegen demokratische Prinzipien	Zweifelhafter Umgang mit demokratischen Prinzipien ohne klaren Verstoß
		Handlungsfähigkeit Mitgliedstaat	Schwache Handlungsfähigkeit des MS durch z.B.: →Günstige Domestic Actor Constellation: starke nationale Veto-Spieler, schwacher Rückhalt der Regierung	Moderate Handlungsfähigkeit des MS durch z.B.: →Neutrale Domestic Actor Constellation: schwache nationale Veto-Spieler, kaum Widerstand in der	Starke Handlungsfähigkeit des MS durch z.B.: →Ungünstige Domestic Actor Constellation: keine nationalen Veto-Spieler, starker Rückhalt in

			in der Bevölkerung →Krisenhafte Wirtschaftslage	Bevölkerung gegen die Regierung →Weder besonders positive, noch negative wirtschaftliche Gesamtsituation	der Bevölkerung für die Regierung →Positive Wirtschaftsentwicklung

Tabelle 3 Operationalisierung „Grad der Handlungsfähigkeit"

8.2 II Chronologischer Überblick der Ereignisse in Ungarn

Datum	Ereignis
1. Mai 2004	EU-Mitgliedschaft
Seit Beitritt	Defizitverfahren gegen Ungarn
11. April 2010	Parlamentswahl, Wahlsieg Fidesz mit 52,73 %
29. Mai 2010	Wahl Viktor Orban zum Ministerpräsidenten
21. Dezember 2010	Parlament verabschiedet neues Mediengesetz
1. Januar 2011	Inkrafttreten des neuen Mediengesetzes
1. Januar 2011 – 30. Juni 2011	EU-Ratspräsidentschaft Ungarn
19. Januar 2011	Victor Orban zur Vorstellung seiner Ratspräsidentschaft im EU-Parlament
15. Februar 2011	Ungarisches Verfassungsgericht erklärt Gesetz für verfassungswidrig, nach dem öffentliche Bedienstete und Beamte jederzeit ohne Begründung entlassen werden können
16. Februar 2011	Debatte im EU-Parlament zum ungarischen Mediengesetz
8. März 2011	Ungarisches Parlament beschließt Änderungen am Mediengesetz nach Vorgaben der EU-Kommission
10. März 2011	Beschluss im EU-Parlament zum ungarischen Mediengesetz
18. April 2011	Beschluss der neuen Verfassung für Ungarn („Grundgesetz")
6. Mai 2011	Ungarisches Verfassungsgericht erklärt Gesetz zur nachträglichen Besteuerung von Abfindungen für verfassungswidrig
12. Juli 2011	Ungarisches Parlament ergänzt Mediengesetz (u.a.

	wurde der Staatlichen Behörde für Medien und Nachrichtenübermittlung (NMHH) die Befugnis erteilt, künftig nach eigenem Ermessen staatliche Medienanstalten schließen zu können)
19. Dezember 2011	Das ungarische Verfassungsgericht bewertet Teile des Mediengesetzes wegen der Einschränkung der Pressefreiheit als verfassungswidrig und stärkt Informantenschutz in Presse- und Internetmedien, deren Journalisten durch das Gesetz zur Offenlegung ihrer Quellen gegenüber dem Medienrat verpflichtet werden sollten
23. Dezember 2011	Ungarisches Parlament verabschiedet neues Wahlgesetz, das ab 2014 u.a. die Anzahl der Abgeordneten von 386 auf 199 verringert und neue Wahlkreis-Zuschnitte beinhaltet
1. Januar 2012	Inkrafttreten der neuen Verfassung in Ungarn inklusive der sogenannten „Übergangsvorschriften“ (umfasst u.a. Abschaffung des Datenschutzbeauftragten und Schaffung einer *nationale Behörde für Datenschutz und Informationsfreiheit*)
11. Januar 2012	EU-Kommission äußert in einer Stellungnahme ihre Besorgnis, dass die ungarische Verfassung möglicherweise an mehreren Stellen EU-Recht widerspreche und droht für den Fall Maßnahmen nach Art. 258 AEUV an. Kritisch gesehen werden vor allem drei Punkte: Unabhängigkeit der nationalen Zentralbank Die Maßnahmen zur Altersbeschränkung und Zwangsverrentung in der Judikative Die Unabhängigkeit des nationalen Datenschutzbeauftragten
12. Januar 2012	Innenausschuss des EU-Parlaments beschäftigt sich mit ungarischer Verfassungsänderung
17. Januar 2012	EU-Kommission leitet beschleunigtes Vertragsverletzungsverfahren gegen Ungarn ein
18. Januar 2012	Victor Orban spricht vor EU-Parlament zur ungarischen Verfassungsreform
23. Januar 2012	Europäischer Rat beschließt auf Empfehlung der Kommission, dass Ungarn im Kampf gegen das übermäßige Defizit nicht ausreichende Maßnahmen unternommen hat und den Empfehlungen und Anforderungen der EU von 2009 für den Defizit-abbau unzu-

	reichend gefolgt ist.
16. Februar 2012	Debatte im EU-Parlament zu „Recent political developments in Hungary"
7. März 2012	EU-Kommission setzt beschleunigte Vertragsverletzungsverfahren im Zusammenhang mit der Unabhängigkeit des Datenschutzbeauftragten und mit Maßnahmen im Justizwesen fort und fordert zusätzliche Informationen zur Unabhängigkeit der Zentralbank
13. März 2012	Rat der Finanzminister beschließt 0,5 Mrd Euro der für Ungarn geplanten Kohösionsfondsmittel einzufrieren. Kommission soll Finanzministern im Juni über Fortschritte bei der Defizitbekämpfung berichten
25. April 2012	EU-Kommission entscheidet, Klage gegen Ungarn am Europäischen Gerichtshof wegen Verletzung der EU-Verträge einzureichen
7. Juni 2012	EU-Kommission reicht Vertragsverletzungsklage nach Art. 258 AEUV beim EuGH (bezüglich Renteneintrittsalter von Richtern) ein
8. Juni 2012	EU-Kommission reicht Vertragsverletzungsklage nach Art. 258 AEUV beim EuGH (bezüglich Datenschutzbeauftragten) ein
24. Mai 2012	Ungarisches Parlament ändert Mediengesetz (Der Schutz der journalistischen Quellen wird wiederhergestellt; die NMHH verliert ihre Befugnisse, die Inhalte von Printmedien zu überprüfen)
16. Juli 2012	Ungarisches Verfassungsgericht erklärt Herabsetzung des Rentenalters von Richtern von 70 auf 62 Jahre für verfassungswidrig
6. November 2012	EuGH-Urteil zum Renteneintrittsalter von Richtern
4. Januar 2013	Verfassungsgericht erklärt Teile des neuen Wahlgesetzes für verfassungswidrig, insb. Wählerregistrierung
26. Februar 2013	Ungarisches Verfassungsgericht erklärt Gesetz zur Registrierung von Religionsgemeinschaften für verfassungswidrig
6. März 2013	Schreiben der Außenminister Deutschlands, der Niederlande, Dänemarks und Finnlands an den Präsidenten der Europäischen Kommission José Manuel Barroso in dem sie einen Mechanismus zur Förderung der Einhaltung der Grundwerte fordern

11. März 2013	Ungarisches Parlament beschließt 4. Novelle zur neuen Verfassung (Verbot von Wahlwerbung in privaten Medien; EU-Bußgeld-Steuer; Zuweisung von Gerichten per Behörde; das Verfassungsgericht wird weiter entmachtet, Obdachlose verlieren Grundrechte und auch die Meinungsfreiheit wird weiter eingeschränkt)
12. März 2013	Kommissionspräsident Barroso und Europarats-Generalsekretär Jagland kritisieren in gemeinsamer Stellungnahme die 4. Verfassungsnovelle in Ungarn
17. April 2013	Debatte im EU Parlament über die aktuelle Verfassungssituation in Ungarn (keine Resolution)
3. Mai 2013	Androhung der EU-Kommission von drei weiteren Vertragsverletzungsverfahren (Zum Verbot der Wahlwerbung, Zuweisung von Gerichten via Behördenentscheidung, Umlage von EU-Geldbußen als Sonderabgabe)
29. Mai 2013	Empfehlung für einen Beschluss des Rates zur Aufhebung der Entscheidung 2004/918/EG über das Bestehen eines übermäßigen Defizits in Ungarn
18. Juni 2013:	Beschluss des Rates zur Aufhebung der Entscheidung über das Bestehen eines übermäßigen Defizits in Ungarn (Verfahren lief seit 2004, also seit Beitritt)
24. Juni 2013	Tavares-Report: EP-Berichterstatter für Ungarn legt kritischen Bericht vor (Auftrag aus Februar 2012).
28. Juni	Nach einem Briefwechsel erklärt sich Premierminister Orban zu Zugeständnissen in den Fällen der Wahlwerbung, der Sonderabgaben für EU Geldbußen und der Zuweisung von Gerichten bereit.
3. Juli 2013	Parlamentsdebatte auf Basis des Tavares-Berichts zur Situation der fundamentalen Werte der EU in Ungarn.
6. April 2014	Parlamentswahl in Ungarn: Fidesz behauptet knapp die 2/3 Mehrheit im Parlament.
8. April 2014	EuGH-Urteil zum Datenschutzbeauftragten
22.-25. Mai	Europawahl

Tabelle 4 Chronologischer Überblick der Ereignisse in Ungarn

8.3 III Experteninterviews

III.1 Interviewpartner: Jan Niklas Engels (Landesvertreter der Friedrich-Ebert-Stiftung Ungarn)

Interviewdatum: 12.12.2014

Ort: Budapest

IB: Wie beurteilen Sie die demokratische Entwicklung Ungarns seit der zweiten Amtszeit Viktor Orbans ab 2010? Inwiefern verstößt in Ihren Augen die ungarische Regierung unter Orban gegen demokratische Prinzipien?

JNE: Also was für die Menschen in Ungarn so die rote Linie ist, ist zu bezweifeln, dass Ungarn eine Demokratie ist. Das ist, wo dann das hiesige Auswärtige Amt der Meinung ist, man muss dann direkt drauf reagieren. Wobei man sich dann drüber unterhalten kann, ob das dann immer gleich so klug ist, immer gleich zurück zu schlagen, aber es ist natürlich weiterhin eine Demokratie mit freier Meinungsäußerung und Möglichkeiten. Deswegen ist es so – du formulierst das ja auch – eine Frage der demokratischen Entwicklungen, demokratischer Prinzipien. Also da kann man eben sehr viele Fragezeichen machen, inwieweit zum Beispiel auch diese ganzen Sondersteuern, inwieweit das mit Rechtstaatlichkeit zusammengeht. Also wenn Privatrenten verstaatlicht werden und die Leute unter Druck gesetzt werden, dass sie dem zustimmen, oder wenn Gesetze rückwirkend angewendet werden oder Leute investiert haben und auf einmal, ne? Also das ist natürlich so eine ganze rechtstaatliche Frage, die ich auch zu demokratischen Prinzipien zählen würde und dann, das sind zwei Sachen. Das eine, denke ich, was problematisch ist, ist … es gab da mal einen Abgeordneten, der hat gesagt: Die Demokratie ist die Diktatur der Mehrheit über die Minderheit, ja? Und das ist hier so das Verständnis von Demokratie hier.

IB: Ja, also wir haben jetzt hier die Mehrheit bekommen, also gehört der Laden uns?

JNE: Ja genau, beziehungsweise man hat eine Zweidrittel-Mehrheit und damit spricht man für das Volk, ja? Und wir sind die Vertreter des Volkes und die Opposition hat keine Legitimation und muss darum auch nicht einbezogen werden. Und sowas wie – also ich bekomm hier öfters so Nachfragen wegen der Großen Koalition in Deutschland, ob das denn stimmt, dass man da die Oppositionsrechte im Parlament gestärkt hat, weil das hier ja unvorstellbar ist, dass welche, die eine große Mehrheit haben, von sich aus sagen, die Opposition braucht Rechte und die haben sie jetzt nicht so, wie sie sie haben sollte, ne? Klar wird in Deutschland da auch gestritten, ob das denn weitgehend genug war, aber zumindest ist da irgendwie ein Verständnis dafür da und das ist hier halt ein ganz anderes Verständnis, was zumindest jetzt mit meinem westdeutschen Demokratieverständnis eben nicht so überein geht. Also dass man hier Gesetze dann wirklich innerhalb von drei Tagen durchzieht - da wird dann nachts um 11 Uhr das Gesetz eingebracht und am nächsten Morgen um 5 – also wo man überhaupt gar keine Zeit hat als Opposition sich drauf einzustellen, Gegenvorschläge zu machen etc. Das ist das eine, was bedenklich ist. Und das zweite ist, man ist immer sehr geschickt dann zu verweisen auf andere Länder, wo es das auch gibt, ja? Das ist was, das meistens dann auch stimmt, aber man muss halt eben so ein demokratisches Gefüge als Ganzes sehen. Es reicht halt nicht, sich eben nur so Elemente rauszugreifen, die einem gerade gefallen. Also, ich denk zum Bespiel die Schweiz hat ja sehr starke direkt demokratische Elemente, aber sie hat auch starke Elemente des Proporzes als Gegengewicht. Und das wird hier halt auch überhaupt nicht gesehen. Es gibt eine amerikanische Wissenschaftlerin, die hat einen Aufsatz geschrieben, wo sie Ungarn als „Frankenstate" bezeichnet, mit der Aussage, es sind zwar alles Elemente von Demokratie, aber so zueinander genäht, dass es halt ein Monster ist, ja? Also ist ein eingehendes Bild. Ob das jetzt so wichtig ist, naja. Aber ich denke, das ist so der zweite Aspekt. Aber das ist natürlich sehr schwierig, sowas wirklich zu fassen. Und vor allem finde ich auch schwierig, wenn du erst seit 25 Jahren eine Demokratie hast, die ja noch gar nicht wirklich gelebt wurde, ja? Also die sich irgendwie entwickelt hat, vielleicht jetzt nicht so, wie man sich das gewünscht hat, und wo Leute enttäuscht sind, aber auch keine Vorstellungen haben, wie es besser sein könnte, sondern eben nur sagen, ok das scheint Demokratie zu sein, das gefällt uns aber auch nicht.

IB: Ja und die Beispiele, die jetzt auch in der deutschen Berichterstattung sehr publik waren, waren eben vor allem die Verfassungsdiskussion, die Justizreform mit den Richtern und die Mediengesetze. Wie würdest du die jeweils beurteilen?

JNE: Naja, das kommt drauf an. Wo fangen wir an. Wir können bei der Mediensache anfangen. Das interessante ist, wenn man – also es gab jetzt wieder große Befürchtungen und es gab auch einige Regelungen, die ich für problematisch halten würde, also ich weiß nicht den richtigen Begriff. Wir haben halt so einen Medienrat, wo die Leute also von Fidesz aus gewählt werden. Und was dann ja auch typisch ist, es gibt so nicht-definierte Begriffe, die die haben, also „ausgewogene Berichterstattung" wird vorgeschrieben, aber was das genau ist, ist unklar. Anderes Beispiel ist bei diesem Obdachlosengesetz, da ist obdachloses Benehmen verboten. Es gibt aber keine Definition, was damit gemeint ist. Das sind natürlich Sachen, die letztendlich dann über eine spätere juristische Definition in die eine oder andere Weise ausgelegt werden. Es kann dann ein sehr autoritäres Gesetz werden, es kann aber auch sehr liberal ausgelegt werden. Deswegen ist es natürlich immer so sehr schwierig, sich immer nur auf die einzelnen Gesetzesänderungen zu konzentrieren, sondern es sind ja meistens auch immer eine Vielzahl von Instrumenten, die da eingesetzt werden, also zum Beispiel bei den Medien sind diese ganzen Zensurmöglichkeiten eigentlich kaum eingesetzt worden. Aber natürlich hat man einerseits so eine Schere im Kopf bei den Journalisten und die sagen eben auch ganz offen, dass die auch schon vorher nachdenken, ist das jetzt oder nicht, ja? Dann gibt es so bestimmte Signalsachen, also es gab ganz wenige Urteile oder Rügen, aber eine war zum Beispiel, es darf keine Vermischung geben von Kommentar und Berichterstattung und es hat jemand Jobbik als rechtsextreme Partei bezeichnet in einem Artikel und das wurde als Kommentar gewertet. Also, „rechtsextrem", das wäre keine objektive sondern eine subjektive Äußerung und deswegen eine Vermischung. Es gibt aber viele andere Artikel die mindestens genauso wenn nicht stärker gefärbt sind mit Meinung drin, aber die überhaupt kein Problem darstellen. Also wo Nachrichtensprecher fast ausfallend werden oder so. Das hat dann halt ein gewisses Signal auch wenn es nur eine Einzelsache ist. Und bei den Medien, sagen wir mal, was da so das größte Problem ist, das ist die Finanzierung der Medien. Sehr wichtig sind halt von Staatsbetrieben und von der öffentlichen Hand Anzeigen, das geht alles eigentlich nur in parteinahen, regierungsnahen Zeitungen und da würden sich halt privatwirtschaftliche Leute sich trauen mehr da auch was zu veröffentlichen. Das ist die Mediensache.

Mit den Richtern, da gab es ja die Entscheidung, aber sie haben natürlich letztendlich doch wieder gewonnen, weil das ganze Verfahren hat recht lange gedauert. Und dann war die Entscheidung ja also sie müssen entweder wieder eingestellt werden oder sie kriegen eine Entschädigung, aber Leute waren dann eh alle nicht mehr so weit weg vom Rentenalter, plus die Stellen waren wieder besetzt. Und nun mussten sie ja, ok, ihr könnt halt wieder kommen, gleiche Gehaltsgruppe, aber natürlich dass, was du gemacht hast, ist jetzt anders besetzt, also wir werden dir dann halt irgendwas anderes geben, sodass glaube ich, der allergrößte Teil der Leute gesagt hat, ok dann nimmt man halt eine Entschädigung, aber warum sollte ich da jetzt zwei Jahre noch hingehen und kriege irgendwo eine Besenkammer und keine Sekretärin und nur die blöden Fälle, die keiner bearbeiten will oder so. Da gibt's ja ganz viele Möglichkeiten.

Genau, was war das erste? Verfassung. Das sind auch verschiedene Sachen. Ich bin da ja auch kein Experte, aber erstens es wird immer so getan, als hätte Ungarn nie eine neue Verfassung bekommen, was so viel ich weiß auch nicht immer eine sehr modifizierte – also man hat da jetzt keine neue gemacht. Aber das war ja gerade auch das deutsche Grundgesetz oftmals Vorbild bei der Modifizierung. Ja also ist dieses Argument, wie es dann gemacht wurde, „war ja schon längst überfällig", so ein bisschen komisch, und dann halt, gut, das sind dann halt so kleine Sachen, was da so in der Präambel drin steht und so. Bisschen irritierend, aber in Ordnung sie dann zu machen, aber dann vier oder fünfmal zu ändern wiederum und Sachen reinzuschreiben, die normalerweise eher in Polizeiverordnung oder sowas, ja? Also man macht da alles zu Kardinalgesetzen und kann's nur mit Zweidrittelmehrheit ändern und solche Sachen, wo du endlich, finde ich, dieses Prinzip, naja es gibt eine gewählte Regierung, und Mehrheiten können sich ändern, und so eine Regierung muss auch Gestaltungsspielraum haben. Aber wenn man das natürlich so einzementiert, dass das nur mit Zweidrittelmehrheit wieder zu ändern ist, naja, dann ist das auch problematisch.

IB: Die nächste Frage ist natürlich sicherlich auch schwierig, aber inwiefern spürt denn die FES irgendwie Einschränkungen in ihrer Arbeit. Oder inwiefern hat es da eine Entwicklung gegeben seit Viktor Orbán wieder an der Macht ist?

JNE: Es gibt für unsere Arbeit keine Einschränkungen. Was vielleicht generell zu bedauern ist, ist vielleicht, dass von Regierungsseite kein großes Interesse an Dialog mit Zivilgesellschaft und anderen Gruppierungen besteht. Also wir sehr oft Fidesz-Vertreter oder Regierungsvertreter einladen und die nicht kommen. Wobei es durchaus auch vorkommt, dass die kommen. Das sind dann einzelne Themen wie Energiepolitik, wo der zuständige Staatssekretär dann kam. Oder irgendwas zu Roma-Sachen. Da kam dann auch schon der Staatssekretär. Also das ist jetzt nicht, dass die das jetzt boykottieren. Und das ist auch nicht auf uns bezogen, aber allgemein dass man das nicht macht. Und das andere ist natürlich der ganze Zusammenhang mit diesem norwegischen Fond, Schweizer Kooperationen, Vorbehalte gegenüber den Amerikanern, also all diese Geschichten, die von Rhetorik über „Agenten des Westens begleitet sind. Das kann man natürlich auch auf politische Stiftungen anwenden, auch wenn das jetzt niemand explizit macht, aber wo man sich dann halt schon fragt, wie man doch eine so recht enge Interpretation haben kann, gerade innerhalb der Europäischen Union.

IB: Stichwort Europäische Union. Wie beurteilst du in diesem Zusammenhang die Handlungsfähigkeit der EU. Vor allem zunächst im Hinblick darauf, wie die EU und ihre Institutionen aber auch ihre Mitgliedstaaten gegenüber Ungarn mit einer Stimme sprechen. Also inwiefern vertreten sie dieselbe kritische oder unterstützende Linie und wo gelingt es vielleicht auch gar nicht? Gibt es da guteBeispiele, wie die einzelnen Institutionen wie Kommission, Parlament und Mitgliedstaaten eine klare Linie haben oder durch unkoordiniertes Auftreten Verwirrung stiften?

JNE: Also große Einheitlichkeit nicht. Wen ich am aktivsten sehe, das ist das Parlament. Und höre ich dann die Rhetorik hier, dann ist das die linke Mehrheit im EU Parlament. Wo es natürlich nicht mal eine linke Mehrheit gibt, aber es wird dann so gesagt. Da sagen dann Regierungsvertreter, das war jetzt die linke Mehrheit im Europaparlament, die da mit den Sozialisten, also so wird das behauptet. Einem linken Politiker vorgestern in Brüssel wurde beispielsweise von einem Fidesz Europa-Abgeordneten vorgeworfen: „Also typisch, hier will die keiner sehen und dann gehen sie halt nach Brüssel, um sich zu beschweren“. Von daher, das Parlament finde ich am aktivsten, weil sie auch paarmal debattiert haben. Wobei Orban ist ja auch zweimal hingefahren und hat vor dem Parlament geredet. Das hat er clever gemacht.

Die Kommission erscheint mir eher, naja wenn dann so eher hinter den Kulissen agierend, man bekommt's nicht so mit. Oder eher so hilflos, weil sie nicht wissen wie sie damit umgehen soll, auch wenn man's vielleicht kritisch sieht. Andererseits halt die Finanzhilfen, die eine große Rolle spielen als zweitgrößtes Empfängerland pro Kopf, aber da wird zumindest offiziell keine Verknüpfung gemacht. Also da ist dann schon auch eine Diskrepanz.

Und die Mitgliedstaaten fallen auf durch bilaterale Themen, die besprochen werden, aber sonst auch eher ein Verstecken hinter der Europäischen Union. Keiner will da jetzt irgendwie derjenige sein, der da jetzt kritisiert. Es ist ja interessanterweise auch eher die USA, die die EU da auffordert. Oder Norwegen, aber nicht EU intern. Das ist dann eher so, dass man merkt, da kommt jetzt keiner auf Staatsbesuch her. Oder Orban war da jetzt so bei einem NATO-Manöver im Baltikum, wo er keinen einzigen Termin gekriegt hat. Das ist dann schon sehr offensichtlich als politisches Zeichen.

IB: Also es gab ja die Debatten im Parlament und dann vor allem die Diskussion von der Kommission, die ja letztendlich zu Verfahren vor dem EU Gerichtshof geworden sind, unter anderem bei der Justizreform. Inwiefern hast du die Maßnahmen als hilfreich empfunden, dass sie hier eine Debatte in Gang gebracht haben oder hier tatsächlich das Problem beheben konnten?

JNE: Also ich würde sagen, zweischneidig, also ist schon wichtig, dass das läuft und das man Entscheidungen hat, aber es ist natürlich auch einerseits so ein bisschen das Gefühl, es herrscht bei Orban die Taktik zwei Schritte vorwärts und einen zurück und man ist halt trotzdem einen Schritt weiter gekommen. Also wenn man nur unverfroren genug vorgeht, man dann trotzdem seine Ziele erreicht. Die ungarische Administration ist da sehr geschickt. Wenn es da Kritik gibt, dann fragen sie ganz genau nach, wo dran kritisiert wird, aber es geht dann eigentlich nicht darum, es zu verstehen und nicht zu machen, sondern es geht da drum, den Umweg zu finden. Also, wie kann man diese Kritik dann letztendlich aushebeln.

Anderseits ist das dann auch zweischneidig, weil die EU ganz gerne als, wie schon gesagt, das neue Moskau bezeichnet wird, oder gesagt wird, wir sind keine Kolonie. Das man das da ganz stark als Unrecht oder unbotmäßige Einmischung in interne Angelegenheiten, Vertretung des Interesses des ausländischen Kapitals oder Deutschlands oder was auch immer darstellt, aber nicht dass man – also es wird hier nicht so kommuniziert und auch nicht so wahrgenommen, dass es ja eigentlich ja gemeinsame Regeln und Werte sind, auf die man sich geeinigt hat, zu denen man beigetreten ist und das es eben auch Aufgabe der EU Institutionen ist, über die Einhaltung zu wachen, aber so wird es halt nicht dargestellt, sondern es ist eine unbotmäßige, eine unverschämte Oberlehrerhaftigkeit, was dann natürlich bei bestimmten Wählergruppen auf offene Ohren trifft.

Plus, natürlich gibt es dann auch immer wieder so EU-Entscheidungen, die dann auch in anderen EU Ländern nicht so ganz zu verstehen sind. Also hier gab es das Gesetz, wenn man den Schnaps Palinka selber braut, so keine Ahnung, 50 Liter oder so, darf man unversteuert für den Eigenkonsum nutzen und das war halt auch nicht mit EU-Gesetz konform, weil Alkohol halt gleich besteuert werden muss. Das ist der Besteuerungsgrundsatz und deswegen muss auch jeder, der jetzt zuhause 5 Liter braut diese 5 Liter versteuern. Das ist natürlich nicht so populär, wo dann auch wieder die generelle Frage aufkommt, wie tief muss die EU eigentlich eingreifen.

IB: In dem Zusammenhang jetzt nicht die EU, sondern eben die ungarische Regierung, wo siehst du da die Handlungsfähigkeit insgesamt, also du hast ja jetzt schon beschrieben, im Umgang mit der EU, aber vor allem innenpolitisch, also zum Beispiel innenpolitisch, also zum Beispiel inwiefern trägt da die wirtschaftliche Situation derzeit dazu bei, dass die Bevölkerung irgendwie zufrieden ist und mit ihrer sozialen Lage zufrieden ist und auch mit der Entwicklung?

JNE: Das ist eine gute Frage. Ich denke, das ist die entscheidende Frage über das Gelingen und Nicht-Gelingen der aktuellen Regierung. Weil die wirtschaftliche Situation sehr angespannt ist, man hat natürlich eine hohe Verschuldung. Man macht zwar alles um die Maastricht Kriterien einzuhalten und wird es wohl auch schaffen, aber gleichzeitig fährt man dann diese sogenannte unorthodoxe Wirtschaftspolitik, mit einer geringen Flattax und vordergründig keine Austeritätspolitik, aber was natürlich die ganzen Löcher im Budget stopfen muss, was dann diese ganzen Sondersteuern machen, die natürlich immer absurder werden, sei es die Internetsteuer, sei es die Autobahnmaut. Bisher durfte man zumindest den Ring um Budapest umsonst benutzen und das gilt nun nicht mehr. Also für jeden Meter, und wenn es nur 500 Meter Autobahn zu Ikea sind, muss man letztendlich eine Vignette haben. Und es gibt andere Sachen, wo man einfach nicht so ein gutes Plus bei der Bevölkerung sammelt.

Insgesamt ist die wirtschaftliche und soziale Lage ja eigentlich katastrophal. Da gibt's ja die verschiedensten Statistiken. Wenn man sich da jetzt OECD Statistiken anschaut, dann ist das vier Millionen oder drei Millionen Leute, die in Armut leben oder Durchschnittseinkommen von nicht höher als 300 Euro haben. Gleichzeitig 27 Prozent Mehrwertsteuer, da ist natürlich eigentlich nicht viel Spielraum für die Menschen. Die angesprochene Einkommensflattax sind dann noch 16 Prozent auf alle Einkommen. Wobei da alles reinzählt. Man kann da nicht irgendwelche Sachen rausrechnen oder so, also das ist der Arbeitnehmerbrutto, glaube ich von 16 Prozent, von daher hinkt so ein bisschen der Vergleich, weil es mehr ist, aber ist halt auch für den Supermillionär nur 16 Prozent. Wenn du sehr arm bist, hast du eigentlich früher vor der Flattax weniger gezahlt.

IB: Und die nach wie vor sehr angespannte wirtschaftliche Entwicklung, wirkt die sich spürbar aus, gibt es weniger Unterstützung der Regierung in der Bevölkerung oder ist da gar kein Effekt spürbar?

JNE: Naja, sagen wir mal, die Regierung hats geschickt genutzt im Wahlkampf, dass sie eben diese Nebenkostensenkung propagiert hat. Also sie haben dafür gesorgt, dass Strom, Gas, Wasser, Abfall, das da die Kosten gesenkt werden, was natürlich sehr viele Ärmere sehr stark merken, dass da diese monatlichen Rechnungen, gesunken sind. Und ich weiß nicht, ob du das weißt, aber die haben da so einen ganz tollen Trick: Auf der Rechnung, in einem meist orangenen Kasten, was die Fidesz Farbe ist, wird abgedruckt, wieviel man gespart hat im Vergleich zu vorher und das alles dank des tollen Gesetzes, da wäre die Rechnung vorher 5000 gewesen, jetzt zahlst du nur noch 4000, du hast 1000 gespart. Und das haben sie dann auch noch für jeden Monat akkumuliert, also seit der Gesetzesänderung haben Sie 12.870 Forint gesparrt oder so. Und das kriegst du jeden Monat in deinen Briefkasten.

IB: Und das ist seit Anfang des Jahres? Wann ist das eingeführt worden?

JNE: Die haben das mehrmals gemacht. Ich weiß nicht, wann das erste Mal, vor einem Jahr oder so? Dann haben sie, glaube ich, erst gemerkt, wie gut das ankommt, und dann haben sie angefangen, das einfach überall zu machen, oder aber auch teilweise einfach auch durchgesetzt auf Druck auf die Versorgungsdienstleister, die mussten dann die Preise um 10 Prozent senken, eigentlich gar nicht mal groß gegenfinanziert. Was jetzt wieder zur Folge hat, dass jetzt sehr viele von, also EON oder sonst was, die verkaufen jetzt gerade das wieder an die Regierung zurück. Haben vorher halt auch das Geld rausgezogen und auch noch relativ gutes Geld rausgekriegt. Aber es muss ja auch in die Netze investiert werden etc. und das ist dann nur eine gewisse Zeit dann gut.

Ich weiß auch von vielen in der Opposition haben gesagt, naja, vielleicht ist es gar nicht so gut, wenn wir die Wahl gewinnen, was sie ja nicht haben, weil dann stehen wir ja mit dem Scherbenhaufen da und hätten dann ein riesen Problem, weil natürlich ein großer Teil trotzdem Fidesz Anhänger ist und wir ja eigentlich keine Möglichkeit haben, Politik umzusetzen, wie wir sie gerne machen würden. Und ich meine, Fidesz ist jetzt in den Umfragen bis zu 12 Prozent eingebrochen, jetzt auch durch Korruption, Internetsteuer usw. aber ich denke auch, sie können da jetzt was sie an Erwartungen aufgebaut haben, gar nicht mehr liefern. Letzter Aspekt ist natürlich, es gibt eine generelle Enttäuschung gegenüber den etablierten Parteien und deswegen auch die MSZP und diese diese Absplitterungen. Die waren ja auch in der Regierung und hatten nicht so eine tolle Regierungsleistung, wo viele sagen, naja wir sind jetzt nicht zufrieden und wirtschaftlich geht's uns schlecht, aber warum sollen wir jetzt die wählen. Und dann greift eigentlich nur Jobbik, weil sie neu sind und nie Regierung waren, und sich auch ganz geschickt als nicht korrupt darstellen, also ein bisschen als Protestpartei. Und dann eben diese LMP, die wir hatten, was ja heute auch raus kam.

IB: Diese grün-liberale…

JNE: Ja also die haben schon irgendwie eine grüne Färbung aber sie geben sich auch als so eine Anti-System-Partei. Also die heißen eben, „Politik kann anders sein", und sie lehnen zum Beispiel auch jegliche Kooperationen ab mit anderen Parteien. Also sie kommen jetzt so auf knapp über 5 Prozent, womit sie halt drin waren. Deswegen werden sie auch immer noch positiv genannt. Die Zahlen sind aber gering. Also es hätte genauso gut ins Auge gehen können, dann wären sie draußen gewesen und meiner Meinung nach hätte sich die Geschichte dann erledigt gehabt. Sie sind halt so strategisch – naja, wenn du 5 Prozent hast und willst mit niemandem koalieren, weil du alles besser weißt und alle anderen, die einen sind fake-left, die anderen sind Faschisten und die dritten keine Ahnung. Und nur man selber weiß, dass man alles eigentlich ganz anders bräuchte, das ist ein bisschen schwierig. Was dann Fidesz ganz gut macht, ist einmal diese Nebenkosten zu senken, und das andere eben, sie führen halt so einen Freiheitskampf für Ungarn gegen die EU, aber eben auch gegen die multinationalen Firmen, die hier her kommen, „die Ungarn ausbeuten" und die Gewinne dann rausbringen, und „darum kämpfen wir jetzt gegen die Banken". Das ist das erklärte Ziel, das man jetzt erreicht hat, dass mindestens 50 Prozent der Banken in ungarischem Besitz sind. Darum hat der Staat jetzt gerade zwei Banken aufgekauft. Hat auch Gesetze geändert wie zur Beschränkung von Währungskrediten, komplizierte Geschichte, aber man setzt dann halt so sein, ne? Also Nebenkosten senken auf Kosten der internationalen Energiefirmen. Und jetzt geht's um diese großen Supermarkt-Ketten, so Spar, Tesco, Lidl und Aldi, wo es auch geht, also die dürfen nicht mehr sonntags öffnen. Es gibt ein Verbot, große Einkaufzentren zu bauen. So, das passt da alles rein, was da zumindest als Pseudo-Antwort gilt, auf die Situation.

IB: Und der – also das hatten wir ja auch schon angeschnitten – wenn mal Druck kommt, in Form von kritischen Äußerungen aus der EU, hast du da den Eindruck, dass wirkt sich auch irgendwie positiv auf die Regierung und die Unterstützung aus? Das es also sozusagen einen konträren Effekt hat?

JNE: Das ist zweigeteilt, also die Gesellschaft ist schon sehr geteilt. Es gibt schon so eine Stammwählerschaft von Fidesz, also rhetorisch wird das da genutzt, habe ich ja vorhin schon gesagt, das spricht die sicherlich an. Von daher nutzt es ihnen, sich da als Freiheitskämpfer gegen äußere Feinde zu generieren. Auf der anderen Seite, finde ich es aber auch ein bisschen fatal, dass die die hier proeuropäisch sind, man erhofft sich die Lösung immer aus Brüssel. Also wenn Orban eine Rede hält, wo er die illiberale Demokratie als das Zukunftsmodell darstellt, gibt's dann einen Parteisprecher der Oppositionspartei, der auffordert, dass der Kommissionspräsident der EU dazu Stellung nimmt und das beurteilt. Und von der EU kommt: Wir kommentieren nicht Reden von Staatsoberhäuptern. Also warum auch, ja? Aber das ist so die Erwartung, dass da eigentlich nur noch die EU oder andere da was tun können.

IB: Welche potentiellen Partner gäbe es denn da und wie sieht deren Einfluss aus? Also sowohl an etablierten Parteien aber auch vor allem darüber hinaus. Wir hatten ja vorhin schon die Gerichte angesprochen, die ja immer so als der letzte große Veto-Spieler genannt wurden, also v.a. das Verfassungsgericht. Jetzt gab es auch wieder größere zivile Proteste gegen die Internetsteuer. Also wie siehst du da insgesamt die Landschaft?

JNE: Generell denke ich, dass die EU da selber neue Instrumente braucht. Es gibt da ja so Grundwerte-TÜV-Überlegungen und Initiativen. Also ich denke, da fehlt einfach das Instrumentarium. Das macht die Situation so schwierig, weil die EU nicht Stellung nehmen kann zu bestimmten Sachen oder wo das Parlament sich mit befasst und Berichte dann raus gibt aber real keine Folgen hat. Ich denke eigentlich, die EU bräuchte da eine klarer definierte Rolle und die müsste sie richtig ausfüllen. Dann ist das andere, dass die ungarische Gesellschaft eigentlich selber sich ihren Weg finden muss. Da bin ich eigentlich nicht so pessimistisch, wie hier viele, weil ich denke, es gibt viele zivilgesellschaftliche Gruppen, es gibt von den Parteien eher zu viele als zu wenige. Auch das Gerichtssystem. Also klar, es gibt Vermutungen wegen politischer Einflussnahme, aber es gibt ja auch immer wieder Gerichtsentscheidungen gegen Interessen der Regierung sind. Also es ist jetzt nicht so, dass es eine Diktatur wäre, oder nur noch eine Fassaden-Demokratie. Ich denk da ist schon … also wenn man jetzt das Gleichgewicht der Institutionen und Checks and Balances ist in meinen Augen so ein bisschen durcheinander und funktioniert nicht mehr unbedingt so, wie es funktionieren sollte. Was letztendlich, denke ich, gefährlicher ist, dass viele einfach auch enttäuscht sind, von dem was jetzt in 10 Jahren EU Mitgliedschaft passiert ist und erreicht wurde. Da gab es sicherlich viele falsche Erwartungen und überzogene Erwartungen. Andererseits sehen wir auch, dass es in der EU selber, gerade in demokratischen Bereichen, in sozialen Bereichen, viele Mankos gibt. Von daher sollte man das eher ernst nehmen und auch losgelöst von Ungarn sehen. Große wirtschaftliche Krise und eigentlich ist dieses europäische Projekt ins Stocken gekommen und man muss sich einfach nochmal grundlegend überlegen, was wollen wir und wie wollen wir es. Und dann gibts verschiedene Interessen. Persönlich würde ich dann eher sagen, für mich wäre die Forderung, wir müssen wirklich Ernst machen mit einem demokratischen und sozialen Europa, was bisher immer nur auf dem Papier war. Oder so naiv: Das kommt mit der Zeit. Und das einzige, was wir bisher eigentlich wirklich haben, ist eine wirtschaftliche Union, die aber uns oft eben auch Probleme bereitet.

III.2 Interviewpartner: Jonathan Mack (Geschäftsführer Phiren Amenca, Budapest)

Interviewdatum: 11.12.2014

Ort: Budapest

IB: Bitte beschreiben Sie kurz Name, Charakter und Ziele der Arbeit Ihrer Nicht-Regierungsorganisation

JM: Ich bin Geschäftsführer von Phiren Amenca mit Sitz in Budapest, einem internationalen Netzwerk von Roma und nicht-Roma Freiwilligen und Freiwilligendienstorganisationen. Das Netzwerk schafft Jugendlichen Möglichkeiten für nicht-formale Bildung, Dialog und Engagement, um Vorurteile zu verändern und Rassismus zu bekämpfen. Das Netzwerk ermöglicht europaweit den Austausch von Roma und nicht-Roma Freiwilligen, ist aktiv in der politischen Bildungsarbeit in den Themenbereichen Rassismus, Antiziganismus, Empowerment und Holocaust Bildung und fördert ehrenamtliches Engagement, Empowerment, Partizipation und Selbstorganisation von Roma Jugendlichen. In Ungarn unterstützen wir ein Roma Jugendnetzwerk von Grassroot- Gruppen und setzen uns kritisch mit Antiziganismus auseinander.

IB: Wie beurteilen Sie die demokratische Entwicklung Ungarns seit der zweiten Amtszeit Viktor Orbans ab 2010?

JM: Ich bin überzeugt, dass Ungarn unter Orban seit 2010 eine höchst negative Richtung eingeschlagen hat und zahlreiche demokratische Grundprinzipien in Frage stellt und Bürgerrechte angreift. Die Demokratie in Ungarn ist meiner Ansicht nach sowohl in ihrer gesetzlichen Verfassung betroffen, als auch in Bezug auf eine demokratische Kultur, sowie auch in ihrer sozialen, politischen und ökonomischen Verfassung. Auch wenn die politischen Prozesse im Großteil im juristischen Sinne demokratisch sind (oder die gesetzlichen Grundlagen werden ebenfalls verändert, sowie die Institutionen), bleibt zu hinterfragen, ob die Intentionen, Ambitionen und Handlungen der aktuellen Exekutive noch demokratischen Werten folgen.

IB: Inwiefern verstößt in Ihren Augen die ungarische Regierung unter Orban seit 2010 gegen demokratische Prinzipien?

JM: Gesellschaftspolitische Entwicklung und Strategien der Orban-Regierung, die in meinen Augen gegen demokratische Prinzipien gerichtet sind, sind:

1. Spaltung der Gesellschaft, Bekämpfung des gesellschaftlichen Pluralismus:

Das Orban-System versucht jeglichen gesellschaftlichen Pluralismus zu bekämpfen, politische Gegner werden gezielt delegitimiert und aus dem „nationalen Diskurs" ausgegrenzt.

2. Nationalismus als innen- und außenpolitische Strategie: Ungarischer Nationalismus dient als zentrales Leitmotiv, das alle Lebensbereiche umfasst, von

der Kunst- und Kulturförderung, bis zur Banken- und Wirtschaftspolitik. Ethnische Ungarn in den durch den Trianon-Vertrag „verlorenen" ehemaligen ungarischen Gebieten werden als konservatives und nationalistisches Wählerpotential entdeckt und bekamen die ungarische Staatsangehörigkeit. Eine nationale Identität der ethnischen Ungarn wird konstruiert und in der Verfassung verankert, welche Menschen unterschiedlicher Minderheiten, Religion und sexueller Orientierung ausgrenzt.

3. Neoliberalismus und staatliche Korruption und Vetternwirtschaft unter dem Deckmantel des „nationalen Interesses": Unter dem Deckmantel von „nationalem Interesse" und Nationalismus wird eine Wirtschaftspolitik entwickelt und legitimiert, von welcher eine kleine parteitreue Mittel- und Oberschicht profitiert.

4. Kulturkampf: Orbans Partei führt auf allen gesellschaftlichen Ebenen einen Kulturkampf, welcher gesellschaftliche Räume von Andersdenkenden beeinträchtigt. Eine Mehrheit von liberalen Kunst- und Kulturschaffenden (Leitende Personen von Theater, Oper, Museen ...) wurde entlassen, zahlreiche freie kulturelle Einrichtungen und liberale Kulturräume geschlossen.

Verfassungsänderungen:

- Prozess der Verfassungsänderung: Orban hat in der Opposition in der Mitte der 90er Jahre eine Verfassungsänderung (basierend auf der alten Übergangsverfassung des Regimewechsels) zu Fall gebracht. Mit der 2/3 Mehrheit im Parlament seit 2010 war die Verfassungsänderung eines der zentralen Projekte, für welches jedoch kein gesellschaftlicher Konsens hergestellt wurde, sondern eine Partei mit verkürzten parlamentarischen Diskussionen innerhalb weniger Monate diese Verfassung abnickte. Zahlreiche tagespolitische Fragen wurden dabei auf Verfassungsrang gehoben und fordern auch nach einem Regierungswechsel eine 2/3 Mehrheit. Damit wird die Verfassung benutzt, um parteipolitische Ziele zu verankern, während die Verfassung ohne eine breite gesellschaftliche Absicherung auch weiterhin zum Spielball von politischen Auseinandersetzungen wird.
- Machtsicherung der Regierungspartei: Wahlsystem, Wahlkreise und Wählerregistrierung wurde zu Gunsten der Regierungspartei und dessen politischen Lagers geändert.
- Entmachtung der Judikative: Insbesondere als undemokratisch kritisiert werden kann der Umgang mit der Judikative, dessen Stellung, sowie auch mit der Entlassung von bestimmten oppositionellen Richtern durch Absenkung des Richteralters und durch ein späteres Wiederheraufsetzen.

Bürgerrechte:

- Versammlungsfreiheit: Die Versammlungsfreiheit wurde zahlreiche Male in der Praxis eingeschränkt, die Regierung bucht für bestimmte Nationalfeiertage sämtliche verfügbaren öffentlichen Räume, damit keine oppositionellen Demonstrationen stattfinden können (15. März 2012/2013/2014, 23. Oktober). Während die rechtsextreme Jobbik im Stadtzentrum demonstrieren kann, demonstriert die Mehrheit der Opposition an entlegenen Orten.
- Pressefreiheit und freie Meinungsäußerung: Ein weiterer Aspekt der undemokratischen Ambitionen und Intentionen betrifft die Pressefreiheit. Sämtliche staatlichen Medienorgane wurden unter ein Dach gepackt und einer starken Regierungskontrolle unterworfen. Zahlreiche kritische Journalist_innen wurden entlassen, und auch die privaten Medien gehören einem Großteil Regierungsnahen Kreisen. Selbst die letzten kleinen freien und kritischen Radiosender wurden mit unvorstellbarer Vehemenz bekämpft, Sendefrequenzen mit allen vorhandenen Mitteln entzogen. Neue Gesetze ermöglichen schwere Strafen und eine Kontrolle der Medien durch einen großen Beurteilungsspielraum der Regierung, was allein schon zur Selbstzensur der Medien für die eigene Existenzsicherung führt.
- Religionsfreiheit: Die Regierung nahm zahlreichen Religionen den Status als eingetragene Religionsgruppe.

IB: Welche Vorgänge im Zeitraum seit 2010 sind dafür aus Ihrer Sicht die deutlichsten Beispiele und warum?

JM:

- Pressefreiheit: Wie oben beschrieben sind die Bestrebungen der Regierung höchst beunruhigend und undemokratisch, da eine freie Presse ein zentraler Bestandteil einer demokratischen Kultur darstellt. Ein Großteil der öffentlichen und privaten Medienanstalten liegen in der Hand der Regierung. Eine Darstellung und Verfälschung der politischen Diskurse in den Medien ist im alltäglichen Leben offensichtlich und spiegelt die Regierungspropaganda wieder, während sämtliche Korruptions- und Amtshandlungsskandale der Regierungsmitglieder unerwähnt bleiben, bzw. oppositionelle Demonstrationen kaum öffentliche Wahrnehmung finden. Aber nicht nur die Medienlandschaft ist beeinflusst, sondern auch die Medienkontrolle gibt eine undemokratische Kontrollmacht in die Hand der Regierung.
- Angriffe auf Zivilgesellschaft: Insbesondere die Angriffe auf die Zivilgesellschaft machen deutlich, welche Ziele und welches Verständnis die aktuelle Orban-Regierung vertritt, um Kritik in der Gesellschaft und Pluralismus zu bekämpfen – ein „nicht-liberaler Staat“ nach Orbans Worten. Die Regierung erstellt „schwarze Listen“ von Nichtregie-

rungsorganisationen, welche kritische Positionen einnehmen und sich für gesellschaftliche Themen wie Menschenrechte, Minderheiten, Armut einsetzen. Die Auseinandersetzung mit den norwegischen Geldern legt offen, wie weit die Regierung dabei gehen kann: Sie führt Überprüfungen durch, ob NGOs auch oppositionelle Aktivitäten unterstützt haben und obwohl die Regierungsbehörden kaum fündig wurden, schickten sie Polizei und Fahnder zur Untersuchung von 3-4 zentralen NGOs, welche als Fördermittler der Norway Grants zahlreiche kritische Nichtregierungsorganisationen unterstützen. Als nächster Schritt des Angriffs auf die zivilgesellschaftlichen Organisationen wurden diesen NGOs die Steuernummern entzogen, damit sie handlungsunfähig sind. Damit beweist die Regierung, dass sie kleine aber kritische Nichtregierungsorganisationen als Gefahr ihrer Machtstrukturen wahrnimmt und damit aufzeigt, dass sie die Vielfalt der Meinungen, die Strukturen der Selbstorganisation und den pluralistischen demokratischen Diskurses zerstören möchte.

IB: Gibt es, wenn ja, inwiefern, Einschränkungen durch die ungarische Regierungspolitik in Ihrer Arbeit als NGO?

JM:

- Gesetzesänderungen: Wir sehen uns in den letzten 3 Jahre permanent mit Gesetzesänderungen für zivilgesellschaftliche Organisationen konfrontiert, welche für uns mit Kosten und Aufwand verbunden sind.
- Registrierung von nicht-Regierungsorganisationen: Seit 2011 haben wir versucht eine neue NGO in Ungarn zu gründen, was jedoch nach einem 2-3 jährigen Prozess gescheitert ist und dies obwohl unser Registrierungsversuch von einem anerkannten Anwalt geleitet wurde. Das Gericht hatte komplizierte Anforderungen und immer neue Einwände und parallel hat sich die Gesetzeslage verändert. Die Prozesse dauern stets Monate oder Jahre. Gleichzeitig wundert dies kaum, wenn der oberste Richter des Landes behauptet, dass es zu viele NGOs gibt, was jeglichem demokratischen Verständnis widerspricht. Diese Erfahrung mussten zahlreiche mir bekannte NGOs machen, selbst der ungarische Jugendring, der seit 3 Jahren auf eine amtliche Eintragung wartet.

IB: Wie beurteilen Sie im Speziellen die Menschenrechtssituation von Minderheiten, Z.B. Sinti und Roma, in Ungarn und die Regierungspolitik Ungarns in diesem Zusammenhang?

JM: Außer dem öffentlich propagierten, politischen Willen für eine Roma Politik, erkenne ich wenig Positives an der Regierungspolitik für Minderheiten. Während auf der einen Seite internationale Konferenzen zur Bekämpfung von Antisemitismus gefördert werden, wird dies in den eigenen inländischen Medien nicht dargestellt und alte antisemitische Schriftsteller und Künstler werden in der nationalistischen Geschichtskittung rehabilitiert und geehrt.

Das staatliche Gedenkjahr 2014 zur Erinnerung an den Holocaust wurde von den jüdischen Institutionen boykottiert, da die aktuelle Regierung das Horthy-Regime und die Rolle des ungarischen Staates im Holocaust schön schreibt.

Armut wird zunehmend kriminalisiert, insbesondere Obdachlosigkeit. Unter dem Deckmantel des Nationalismus setzt die Regierung extrem neoliberale und sozial ungerechte Programme durch, beispielsweise die flat tax der Einkommenssteuer und das Aktivierungsprogramm, das von kritischen Organisationen als Zwangsarbeitsprogramm ohne Perspektive betrachtet wird.

Der Nationalismus-Diskurs, der selbst in der Verfassung verankert wurde, steht im Gegensatz zu einer inklusiven Gesellschaft für Roma und andere Minderheiten.

Auch wenn die Regierung eine aktive Roma Politik betreibt, glaube ich, dass diese Politik langfristig negative Konsequenzen für die Roma Communities haben wird. Der Diskurs von Regierung und Politikern verstärkt die Stigmatisierung, Roma werden als Potential für den Billiglohnsektor betrachtet, sollen demnach auch keine Aufstiegsambitionen entwickeln und sollen somit vermeiden, dass weitere Immigranten ins Land kommen. Antiziganismus wird gesellschaftlich akzeptiert und täglich reproduziert, sowohl von Politikern als auch von Medien. Orban versucht damit den rechten Rand und die Wähler der rechtsextremen Jobbik zu gewinnen. In Europa kann er das verkaufen, dass er die einzige demokratische Alternative darstellt, da sonst Jobbik weiter gewinnt.

Jedoch verschärft die Politik die kontinuierliche Stigmatisierung und den Antiziganismus in allen gesellschaftlichen Bereichen.
Am deutlichsten wird das in der Schulsegregationen. Laut einer Experten-NGO in diesem Bereich, gehen 1/3 der Roma Kinder und Jugendlichen in Ungarn in segregierte Schulen, 1/3 in segregierte Schulklassen und 1/3 in integrierte Schulen. Im Dezember 2014 verabschiedete das Parlament ein neues Gesetz, welches der Regierung die Fortsetzung der Schulsegregation in bestimmten Fällen erlaubt und legitimiert (Nyireghaza Fall).

III.3 Interviewpartner: Armin Langer (auszubildender Rabbiner, politischer Aktivist)

Interviewdatum: 09.12.2014

Ort: Berlin

IB: Herr Langer, Wie beurteilen Sie die demokratische Entwicklung Ungarns seit der zweiten Amtszeit Viktor Orbans ab 2010? Inwiefern verstößt in Ihren Augen die ungarische Regierung unter Orban seit 2010 gegen demokratische Prinzipien?

AL: Die westlichen Medien reden oft über „Diktatur Ungarn". Das ist übertrieben. Natürlich ist die Situation mehr als bedenklich. An meiner Uni in Budapest wurden viele linksgerichtete Professoren entlassen. Angeblich ist kein Geld mehr da, um sie zu bezahlen. Auch viele NGOs kämpfen mit immer weiter sinkenden staatlichen Mitteln, seit Herbst 2014 müssen sie sogar mit Polizeirazzien rechnen. Außerdem herrscht eine nationalistische-pseudochristliche Ära in dem Land: Fremdsprachen werden in den Schulen vernachlässigt, die EU-Fahne hängt nicht am Parlamentsgebäude, die staatlichen Museen werden von einem erzkonservativen „Künstler" kontrolliert.

IB: Wenn ja, bzw. teilweise ja: Welche Vorgänge im Zeitraum seit 2010 sind dafür aus Ihrer Sicht die deutlichsten Beispiele und warum?

AL: Das Mediengesetz, das eine staatliche Behörde beantragt, um alle Medien, inklusive Online-Blogs, zu überwachen ist ein deutliches Beispiel. So wie das Kirchengesetz, das progressive jüdische und christliche Gemeinden das Recht auf Kirchensteuer verbietet. Ich persönlich fürchte aber am meisten die Repressalien von der Seite der Regierung gegen NGOs. Außerdem wurden 2011 Wahlrechtsreformen verabschieden, die Orbáns Partei Fidesz beim nächsten Urnengang im Jahr 2014 begünstigten.

IB: Gibt es aus Ihren Erfahrungen, wenn ja, inwiefern, Einschränkungen durch die ungarische Regierungspolitik gegen die freie Meinungsäußerung und/oder die Arbeit von Nicht-Regierungsorganisationen?

AL: Nein, nicht direkt. Aber es gibt die Einschüchterungen durch Razzien und die Angst Mittel zu verlieren bei NGOs.

IB: Gibt es aus Ihren Erfahrungen, wenn ja, inwiefern, Einschränkungen der politischen Arbeit oppositioneller Parteien, z.B. im Vor- und Umfeld von Wahlen?

AL: Dadurch, dass die Regierungspartei die staatlichen Medien allein kontrolliert, werden oppositionelle Parteien stark unterrepräsentiert. Außerdem: Die 2011 verabschiede Wahlreform begünstigt Fidesz, ohne dieses neue Gesetz hätte 2014 Fidesz nicht wieder die Zweidrittel-Mehrheit bekommen.

IB: Wie beurteilen Sie im Speziellen die Menschenrechtssituation von Minderheiten, Z.B. Sinti und Roma, in Ungarn und die Regierungspolitik Ungarns in diesem Zusammenhang?

AL: Die Roma sind sowohl von der Regierungspartei, als auch von den meisten oppositionellen Parteien vernachlässigt, seit Jahrzehnten. Segregierte Schulen sind normal gesehen, Politiker aller Seiten, außer der Grünen, sprechen über „Zigeunerkriminalität" und behaupten dabei, dass Roma von Natur her gewalttätiger sind, als nicht-Roma Ungarn. Dieser Rassismus-tolerierende Diskurs führt auch zu regelmäßigen rassistischen Straf- und Gewalttaten gegen Roma, besonders im Lande.

IB: Wie beurteilen Sie die Handlungsfähigkeit der ungarischen Regierung im Hinblick auf die wirtschaftliche Situation: Wie zufrieden ist die ungarische Bevölkerung mit der wirtschaftlichen Entwicklung und ihrer sozialen Lage?

AL: Die Regierung senkte kurz vor den Wahlen 2014 die Wohnnebenkosten zum Dritten: Noch weitere Fragen?

IB: Welchen Rückhalt genießen die Regierung und der Ministerpräsident in der Bevölkerung in Konflikten mit der EU? Wirkt sich erhöhter externer Druck auf Ungarn sogar positiv auf die Regierungsunterstützung aus?

AL: Die Regierung stellt sich als Freiheitskämpfer gegen Brüssel vor. Die öffentlichen Medien assistieren zu diesem Bild, das Volk scheint das zu kaufen. Die größten Demonstrationen in den letzten Jahren waren immer pro-Regierung-Kundgebungen, die so-genannten Friedensmärsche. Bei diesen Märschen protestierten die Menschen gegen das Terror von Brüssel, zogen eine Parallele zwischen der EU und der Sowjetunion usw.

IB: Welche potentiellen Partner in Ungarn (Institutionen, Parteien, Organisationen, Gruppen...) gibt es für die EU im Bestreben, gegen Demokratieverstöße vorzugehen?

AL:

- átlátszó.hu (Blog über Korruption)
- A Város Mindenkié (NGO, Obdachlosen)
- Budapest Pride (NGO, LGBT Rechte)
- Lehet Más a Politika (Grüne Partei)

In der Schriftenreihe *Politik begreifen* werden Forschungsarbeiten vorgestellt, die sich theoretisch und methodologisch reflektiert mit empirischen und normativen Problemen der Politikwissenschaft auseinandersetzen. Die Beiträge zeichnen sich nicht nur dadurch aus, dass sie gelungene Beispiele für eine theoriegeleitete Analyse politischer Phänomene darstellen und die politikwissenschaftliche Diskussion bereichern, sondern auch durch ihre anregenden Fragestellungen aus allen Teilbereichen der Politikwissenschaft, die auch für ein breitgefächertes Fachpublikum interessant sind.

In der Schriftenreihe *Politik begreifen: Schriften zu theoretischen und empirischen Problemen der Politikwissenschaft* sind bisher erschienen:

Maximilian Kurz:
Drogen, Terror, Öl – Entstehung und Wandel der US-Außenpolitik gegenüber Kolumbien 1999–2003. Eine netzwerkanalytische Betrachtung aus Sicht des neuen Liberalismus
(Band 1)
150 Seiten, 24,90 Euro, 2007
ISBN 978-3-8288-9228-6

Erik Stei:
Gerechtigkeit und politischer Universalismus – John Rawls' Theorie der Gerechtigkeit. Eine kritische Analyse der Rechtfertigungsleistung
(Band 2)
102 Seiten, 24,90 Euro, 2007
ISBN 978-3-8288-9305-4

Andreas Schmidt:
Liberale Theorien des Demokratischen Friedens. Ein Vergleich vor dem Hintergrund der Revolution in Military Affairs
(Band 3)
108 Seiten, 24,90 Euro, 2007
ISBN 978-3-8288-9324-5

Gregor Schäfer:
Spieltheorie und kommunikatives Handeln in den Internationalen Beziehungen. Eine Analyse der ZIB-Debatte (1994–2001)
(Band 4)
140 Seiten, 24,90 Euro, 2007
ISBN 978-3-8288-9346-7

Carina Schmitt:
Does Civic Engagement Matter? Soziale Beteiligung und Public Policy in Ecuador
(Band 5)
116 Seiten, 24,90 Euro, 2007
ISBN 978-3-8288-9377-1

Karl Marker:
Politische Skandale in Demokratien und Schauprozesse in Diktaturen. Zur funktionalen Äquivalenz
(Band 6)
102 Seiten, 24,90 Euro, 2007
ISBN 978-3-8288-9393-1

Tatjana Rudi:
Der Einfluss von Institutionen auf die Wirtschaftsleistung der Transformationsstaaten
(Band 7)
148 Seiten, 24,90 Euro, 2007
ISBN 978-3-8288-9417-4

Christian Grobe:
Kooperation und Verhandlungen in den Internationalen Beziehungen. Eine Neubetrachtung der ZIB-Debatte aus rationalistischer Perspektive
(Band 8)
114 Seiten, 24,90 Euro, 2007
ISBN 978-3-8288-9472-3

Christine Tiefensee:
Moral Realism. A Critical Analysis of Metaethical Naturalism
(Band 9)
146 Seiten, 24,90 Euro, 2008
ISBN 978-3-8288-9534-8

Emanuel Hansen:
Politische Partizipation in Europa. Erklärungsfaktoren und ihr Zusammenwirken
(Band 10)
107 Seiten, 24,90 Euro, 2009
ISBN 978-3-8288-9842-4

Robert Lehmann:
Politische Veränderungen als Lernprozesse. Handlungstheoretische Rekonstruktion und Bewertung von Ansätzen des Policy-Lernens
(Band 11)
125 Seiten, 24,90 Euro, 2009
ISBN 978-3-8288-2088-3

Katrin Kräuter:
Der Machtbegriff bei Hannah Arendt
(Band 12)
90 Seiten, 19,90 Euro, 2009
ISBN 978-3-8288-2171-2

Florian Röder:
US-Außenpolitik und nukleare Aspiranten. Nichtverbreitung durch Anreize?
(Band 13)
100 Seiten, 24,90 Euro, 2010
ISBN 978-3-8288-2197-2

Siegfried Bühler:
Determinanten Freiwilligen Engagements. Argumentation für den Nutzen einer handlungstheoretisch geleiteten Herangehensweise an eine theoretische Integration
(Band 14)
134 Seiten, 24,90 Euro, 2010
ISBN 978-3-8288-2386-0

Stefan Schlag:
Verwaltungsreform und Effizienz. Eine Analyse des Neuen Steuerungsmodells für Kommunalverwaltungen
(Band 15)
78 Seiten, 19,90 Euro, 2011
ISBN 978-3-8288-2554-3

Matthias Mader:
Können sozialpolitische Dienstleistungen Armut lindern? Eine empirische Analyse wirtschaftlich entwickelter Demokratien
(Band 16)
106 Seiten, 24,90 Euro, 2011
ISBN 978-3-8288-2651-9

Kevin Urbanski:
Zur Funktionsweise von Mediationsverfahren in den internationalen Beziehungen
(Band 17)
130 Seiten, 24,90 Euro, 2012
ISBN 978-3-8288-3080-6

David Kraft:
Die Politik des Wirtschaftswachstums
(Band 18)
140 Seiten, 24,95 Euro, 2013
ISBN 978-3-8288-3146-9

Paul Rünz:
Making European Citizens?
(Band 19)
136 Seiten, 24,95 Euro, 2014
ISBN 978-3-8288-3316-6

Mariel Reiss:
Make it a People's Integration!
(Band 20)
112 Seiten, 24,95 Euro, 2014
ISBN 978-3-8288-3414-9

Michael Roseneck:
Zur Diskussion um die Relativierung des völkerrechtlichen Souveränitätsprinzips. Eine Studie im Anschluss an die deliberative Theorie.
(Band 21)
100 Seiten, 24,95 Euro, 2015
ISBN 978-3-8288-3626-6

Thomas Buchal:
Der umkämpfte Begriff Nachhaltigkeit. Deutungsmuster in der Medienöffentlichkeit
(Band 22)
114 Seiten, 24,95 Euro, 2015
ISBN 978-3-8288-3557-3

Florian Auras:
„Alter Wein in neuen Schläuchen?“ Eine kritische Analyse des Konzepts Sozialer Mechanismen vor dem Hintergrund Hartmut Essers Modell Soziologischer Erklärungen (MSE)
(Band 23)
103 Seiten, 24,95 Euro, 2015
ISBN 978-3-8288-3565-8

Immanuel Benz:
Wie wehrhaft ist die europäische Demokratie? Eine Untersuchung der EU-internen Handlungsfähigkeit bei Verstößen gegen demokratische Prinzipien am Beispiel Ungarns
(Band 24)
152 Seiten, 24,95 Euro, 2016
ISBN: 978-3-8288-3703-4

Zeitfracht Medien GmbH
Ferdinand-Jühlke-Straße 7
99095 Erfurt, Deutschland
produktsicherheit@kolibri360.de